高校图书馆文化理论与实践

李晓霞 著

中国书籍出版社
China Book Press

图书在版编目(CIP)数据

高校图书馆文化理论与实践/李晓霞著. --北京：中国书籍出版社,2024.11. --ISBN 978-7-5241-0085-0

Ⅰ.G258.6

中国国家版本馆 CIP 数据核字第 2024EP8364 号

高校图书馆文化理论与实践
李晓霞　著

策划编辑	成晓春
责任编辑	李　新
封面设计	守正文化
责任印制	孙马飞　马　芝
出版发行	中国书籍出版社
地　　址	北京市丰台区三路居路 97 号(邮编:100073)
电　　话	(010)52257143(总编室)　(010)52257140(发行部)
电子邮箱	eo@chinabp.com.cn
经　　销	全国新华书店
印　　刷	北京市怀柔新兴福利印刷厂
开　　本	710 毫米×1000 毫米　1/16
字　　数	225 千字
印　　张	12.25
版　　次	2025 年 5 月第 1 版
印　　次	2025 年 5 月第 1 次印刷
书　　号	ISBN 978-7-5241-0085-0
定　　价	72.00 元

版权所有　翻印必究

前言

在高等教育蓬勃发展的今天,高校图书馆作为知识的宝库和文化的灯塔,发挥着至关重要的作用。《高校图书馆文化理论与实践》一书旨在深入探讨高校图书馆在文化领域的多元价值与意义。高校图书馆不仅是书籍的存储地,更是文化传承与创新的重要场所。它承载着丰富的文化内涵,为师生提供了广阔的知识视野和精神滋养。本书从理论与实践两个层面,全面剖析高校图书馆文化的各个维度。

在理论方面,深入挖掘图书馆文化的基础理论,为理解高校图书馆的文化特质提供坚实的理论支撑。同时,探讨高校图书馆文化的定义,帮助读者准确把握其核心内涵。在实践层面,涵盖了高校图书馆文化建设、文化空间打造、服务文化提升以及创新文化发展等重要内容。通过对这些方面的深入研究,为高校图书馆的发展提供切实可行的路径和方法。

本书致力于为高校图书馆的管理者、工作人员以及广大师生提供有益的参考,共同推动高校图书馆在文化建设方面不断进步,为高校教育事业的发展和文化传承创新做出更大的贡献。相信通过对高校图书馆文化的深入探索,我们能够更好地发挥高校图书馆的优势,为培养高素质人才和促进社会文化繁荣贡献力量。

在撰写本书的过程中,作者查阅和借鉴了大量的相关资料,在此向其作者表示诚挚的感谢。此外,本书的撰写也得到了相关专家和同行的支持与帮助,在此一并致谢。由于作者水平有限,加之时间仓促,书中难免出现纰漏,敬请广大读者批评指正。

目 录

第一章　高校图书馆与文化理论 ······ 1
第一节　高校图书馆概述 ······ 1
第二节　图书馆文化基础理论 ······ 7

第二章　高校图书馆文化 ······ 9
第一节　高校图书馆文化定义 ······ 9
第二节　高校图书馆的网络文化 ······ 20
第三节　高校图书馆的信息文化 ······ 30
第四节　高校图书馆的艺术文化 ······ 40

第三章　高校图书馆文化建设 ······ 44
第一节　精神文化塑造与建设 ······ 44
第二节　制度文化建设 ······ 50
第三节　管理文化建设 ······ 53

第四章　高校图书馆与校园文化建设实践 ······ 74
第一节　高校图书馆与校园文化的建设 ······ 74
第二节　高校图书馆开启校园文化建设新思路 ······ 75
第三节　高校图书馆参与校园文化建设实践 ······ 86

第五章　高校图书馆的服务文化实践 … 96
第一节　高校图书馆的服务文化建设 … 96
第二节　高校图书馆的学术性文化服务 … 109
第三节　高校图书馆人员的文化素养 … 120

第六章　高校图书馆文化的创新 … 130
第一节　高校图书馆文化对创新思维的培养 … 130
第二节　高校图书馆文化创新 … 137
第三节　生态文化与高校图书馆创新文化 … 144

第七章　高校图书馆服务模式的创新发展 … 152
第一节　高校图书馆知识服务模式 … 152
第二节　高校图书馆信息共享空间服务模式 … 159
第三节　高校图书馆"重点读者"服务模式 … 166
第四节　高校图书馆移动服务模式 … 171
第五节　高校图书馆嵌入式服务模式 … 176

参考文献 … 185

第一章 高校图书馆与文化理论

第一节 高校图书馆概述

一、图书馆基本知识

(一)图书知识

书籍作为传播知识的重要工具,在我国经历了一个漫长的发展和完善过程。在原始社会,我们的祖先通过绑绳、刻木、绘画或其他实物来记录事物和传达思想。在人类拥有文字之前,这些可以被视为书籍。

殷商时期,中国形成了系统的文字体系。我们的祖先首先在龟壳或兽骨上雕刻文字,后来在青铜器和石头上雕刻文字。从这个角度来看,甲骨文、青铜器和刻有文字的石头也可以被视为最早的书籍。但这些东西并不是专门用作书籍的,所以它们不能被视为正式的书籍。

春秋战国时期,已有人用竹片、木片作为写书的材料了。写有文字的每一根单独的竹片或木片称为"简"。内容连贯的简用绳子编纂在一起,就成了一"册"书。因而人们称它为"简策",这就是我国最早的、专门为了阅读的正式书。

战国后期,又有人开始在丝织品上写书,出现了"帛书"。由于帛贵重难得,于是人们便不断追求一种轻便而易于生产的书写材料,从而促进了纸的发明。起初是丝质纸,后来是植物纤维纸,纸书的出现巩固并推进了卷轴的发展。

唐代文学繁荣,也产生了不少工具书,供人们查询借鉴。但由于卷轴长达几丈,展开不便,从这大部书中检寻片段的内容,往往十分麻烦。

因此,到唐代后期,一个全新的图书形式——册页就诞生了。而伟大的印刷术的发明,使这一图书形式固定下来。书籍装帧从蝴蝶装到包背装再到线装不断发展。蝴蝶装将印叶反折贴于护叶;南宋在其基础上发展出包背装,书叶正折,折口朝外贴成书脊;明朝中叶,包背装进一步演变为线装,以针线穿订替代糨糊粘贴。

近现代,我国书籍在印刷方法、装帧艺术、纸张材料等各方面,都发生了巨变。在制版方面,有凸版、平版、凹版、过滤版、涂塑、烫金、轧凸凹等技术。在装帧上有平装、精装、线装和活页简装之分。在印刷材料方面,除各种纸张外,还出现了高强度塑料材料等。尤其近几年来,照相排字术已开始逐步取代铅印。此外还有电子分色打版术的使用,已使书籍、图画等的打版、印制技术达到了比较真实细腻的水准。技术的日渐丰富,使得书籍在有序地传达信息时,又不失美观,满足了人们各方面的审美需求[①]。

在知识激增的今天,传递知识的载体——书籍的类型更是丰富多彩。按其外表特征可分为以下几种。

1. 印刷型

印刷型包括图书、期刊、报纸、画册、图表等。

2. 缩微型

缩微型包括缩微胶片、缩微胶卷、缩微卡片等。

3. 机读型

机读型将图书内容输入计算机的磁带、磁盘上,利用计算机放音读书。

4. 视听型

视听型包括唱片、录音带、幻灯片、科技电影、电视等。此外,音响图书、能活动的立体书、塑料书、激光全息照片书等现代化的新型书也在迅速发展。同时由于现代信息技术的发展,新文字载体的产生,电子出版物

---

① 王鑫,赵聪寐.版式设计在书籍装帧中的应用探析[J].包装工程,2018(04):217-219.

也日益丰富,从而产生了各类的电子图书。

纵观书籍发展历史,可以预言,随着科学技术的进一步发展,更多更新颖的书籍一定会陆续出现。

(二)图书馆学的产生与发展

文字、书籍和文献催生了图书馆的出现。大量社会生活经验的传播和传承需求是图书馆产生的根本原因,社会生产力的发展是图书馆产生的根本保证。图书馆是在各种因素的综合作用下产生的,图书馆的出现在人类文明史上具有里程碑意义。

图书馆这个名词在国内被首次提及,是在清光绪三十一年,即公元1905年。自此以后,凡是藏书以供阅览的地方,多称图书馆。1904年创办的湖北省图书馆是中国最早的省级图书馆。

我国古图书馆,称石室、阁、观、库、楼、堂、府、室、亭等,而在前面冠以固定的名称,如天禄阁、白虎观等。汉代有兰台、麒麟阁、石渠阁、天禄阁、石室;东晋有东观、仁寿阁。到南北朝,南朝刘宋有总明观;齐有学士馆;梁有文德殿、华林阁;北朝齐有仁寿阁、文林阁;后周有麟趾殿;隋朝有修文殿、观文殿;到了唐代,藏书的地方有变迁,开始有官私之别。

民间则有李磎的李书楼(李磎家有书万余卷,世号李书楼);宋代官府有尊经阁、龙图阁、天章阁、太清楼、玉宸殿、四门殿,而民间则有司马光的读书堂、李公择的李氏山房、尤袤的遂初堂;明代官府有文渊阁;民间则有毛晋的汲古阁、叶盛的菉竹堂、范钦的天一阁、黄居中的千顷斋、曹溶的静惕堂、何良俊的清森阁;清代官府有文渊阁、文源阁、文津阁、文溯阁、文宗阁、文汇阁、文澜阁等七阁和昭仁殿。综上可知,图书馆自产生以来,至今已有3000多年的历史。

二、高校图书馆发展概况

高校图书馆是由社会需要而产生的,随着社会的发展而发展。先有大学,后有大学图书馆。大学首先出现于欧洲。在那里的一些城市,不少充满求知愿望的年轻人,为师从某个或几个饱学之士,不惜跋山涉水游历四方,长此以往,便逐渐出现了若干个拥有足够数量教师的专门场所。他们根据专业的学术范围,联合组成了院系、便形成了初期的大学。

起初,大学里并没有图书馆,教师备有自己的藏书,而学生需要时,除了向老师借阅外,就是自己购买。后来,大学的规模越来越大,同一院系的学生组织搜集,合用一批藏书。有时候,由大家出钱购买一些书,或接受大学毕业生和社会知名人士赠送的书籍。

据说,最早有藏书的大学,是法国的巴黎大学和英国的牛津大学。牛津大学建于1163年,1327年开始收藏书籍。此后,在欧洲另外三所历史悠久的大学(1365年创办的维也纳大学,1384年创办的布拉格大学,1386年创办的海德堡大学),都先后出现了一些属于教授私有、为满足其学生需要而收集的图书。接着,在这些大学里开展了"学生收集图书"的活动。

高校图书馆开始都是小规模。直到15世纪末至16世纪初,由于我国的印刷术传入欧洲,出现了大量的印刷书籍,高校图书馆藏书数量才有了大幅度的增长。当时的牛津大学图书馆、剑桥大学图书馆、巴黎大学图书馆、布拉格大学图书馆等,都已发展至一定的规模。到18世纪后期,在法国资产阶级革命的推动下,西欧各国图书馆事业蓬勃发展,从而促进了图书馆的广泛普及。这样,高校图书馆日益增多,规模也越来越大。

在亚洲,历史悠久、质量最好的图书馆大多在大学里面。它们大多是以西方图书馆的模式建立的,馆内资源丰富多样,能够为高校师生和社会人士提供海量的信息,满足大量的学习需求[①]。这些高校图书馆除少数外,都有着馆藏不足、使用限制过多、室内过于拥挤等方面的问题。

中国高等学校图书馆事业在新中国成立后的七十多年里获得了巨大发展。改革开放以来,高等学校不断进行改革,科教兴国的理念深入人心,学科学、搞发明创造蔚然成风,极大地推动了高校图书馆事业的发展。尤其是近十年图书馆事业由传统型逐渐向现代型转变,并产生了可喜的发展势头,从而产生了以下几个方面具有代表性的特点。

(一)管理的自动化

当今的图书馆管理方式,与过去靠油印或打印卡片的管理时代,已经

---

① 刘扬.新时期高校图书情报的个性化管理[J].文化产业,2024,(07):55−57.

完全不能同日而语,计算机技术作为现代化技术发展的重要标志,已在图书馆工作中广泛应用。计算机在图书管理工作方面的广泛应用,开启了中国图书馆工作的新时代。图书管理工作由过去的手工管理和编目工作,逐步达到了智能化管理的新阶段,所形成的书籍数据库系统使书籍的借阅、检索工作基本达到了管理智能化,为技术手段发展翻开了崭新的一页。

图书管理的现代化要归功于计算机软件的开发应用。20世纪90年代初,许多高校图书馆在认识到软件是实现自动化的前提之后,联合计算机软件人员共同编制图书馆专门软件管理系统。初期阶段开发研制的软件尽管不是十分完善,但它代表了图书馆界有识之士的探索精神。正是由于这种探索,才让高校图书馆逐渐形成了几种取得成功的软件系统。如最早由深圳大学开发的ILAS系统,现代已发展到ILASⅢ。南京大学等相继有数种图书馆管理软件面世。现在各公司开发的管理软件不胜枚举。正是这些国产软件在图书馆的应用,才使图书馆自动化管理成为可能。

(二)图书馆的网络化

我国十分重视网络基础建设,相继建成中国公用计算机互联网(ChinaNet)、中国教育和科研计算机网(CERNET)、中国科技网(CSTNET)、中国金桥信息网(ChinaGBN)。1997年4月完成的四大网互联,为我国图书馆建立了良好的网络环境,通过因特网可以获得丰富的网上资源。

一是通过资源指南查找相应信息。

二是利用搜索引擎查找所需信息资源。

三是从WWW虚拟图书馆获取科技资源。

四是建立因特网上专业资源。

国家网络的建设,带动了高校网络化的发展。在校园内或图书馆内建成的网络称为校园网或馆内局域网。局域网可以在馆内、校园内实现网络联系,同时也可以进入因特网。读者可以通过校园网进入因特网获取信息,也可以将读者自己或单位的信息送入因特网。其他单位的读者也可以从因特网访问你的校园网和馆内局域网资源。当前,网络化建设水平已成为评价学校图书馆发展水平的重要指标。

(三)文献信息的数字化

与典型的手工检索这种服务方式相比,计算机检索在检索时间、检索途径、查全率等方面都发生了革命性变化。

1. 国际联机检索

许多高校如清华大学、北京大学都引进了国际上的联机检索服务系统,如 OCLC 的 First Search,不但提供 60 个数据库,而且它的 OEC 全文电子期刊服务可使 900 多种电子杂志在网上检索。

2. 光盘数据库

20 世纪 90 年代以来,光盘数据库大量涌现,如 Medline、EI、SCI、IPA、Inspec。数据库充实了高校图书馆的局域网,极大地方便了信息查询,可查世界上几千种期刊。

3. 中文数据库

有能力的高校,尝试自建有本校特色的数据库。凭借信息技术优势,国内的信息企业公司开发了各种数据库。有代表性的如清华大学开发的"中国学术期刊全文数据库",以及"万方数据库""重庆维普"等。各校自建的书目数据库,能为联机检索提供网上资源。

(四)图书馆建筑的现代化

高等院校筹建或增设新图书馆,也是图书馆迅速发展的显著标志。仅在河南省,就有将近三十所上万平方米的大学图书馆。而随着学校内部结构的现代化、网络化建设,将来的图书馆从形式到内容都会为学校的发展打下更牢固的基础,图书馆未来可期。

近年来,随着全球信息化进程的加快,网络技术的飞速发展,图书馆收藏的文献由以收藏印刷型出版物为主逐步转变为收藏印刷型出版物与收藏电子出版物、网络出版物并重。读者可以在网上享受到图书馆的数字化服务。我们正在步入以"数字""网络"为标志的信息化社会,高校图书馆也随之进入了一个黄金发展时期。

第二节 图书馆文化基础理论

一、图书馆文化的定义

高校图书馆具有传承文化的作用,对学生的思想意识、行为道德的引导和熏陶是以"润物细无声"的方式进行的,不易引起学生的逆反心理。"图书馆文化"一词是由美国的图书馆管理学者率先提出的,我国的"图书馆文化"研究在20世纪90年代开始起步并迅速兴起,近年来,随着对图书馆文化研究的不断深入,可以将其定义概括为社会文化的表现形式,是一个复合的整体。其中包括人们对图书馆系统的态度、情感、信仰、价值观,以及人们所普遍遵循的图书馆习惯和传统习性,即图书馆意识形态和图书馆心理两方面。也就是说,图书馆文化是指图书馆文献情报活动中形成的为全体图书馆工作人员特有的价值观点、管理思想和服务思想、思维方式、行为准则、社会心理等文化现象的总和。

二、图书馆文化的本质

人是文化的主体,是人在物质生产过程中创造了文化。这就说明文化的第一本质是"以人为本"。从"主体人"的假设,我们也可以推断出人应当也是图书馆文化的主体,是创造和维护图书馆文化的主体。

(一)文化氛围说

这种观点认为,图书馆文化是指图书馆全体职工在共同的工作、生活中形成的一种文化氛围,这种文化氛围包括由人类的图书馆活动或其产物中的形态、风格、色彩、特征、特性、范围及其所包含的知识、技术、艺术等要素而共同产生的一种(包括凝聚力、创造力、影响力等在内)综合力。图书馆文化是一种氛围,是一种综合力。

(二)精神现象说

这种说法认为,图书馆文化是指图书馆在长期为读者服务的管理活动过程中,在一定的社会历史环境下逐渐形成的一种独特的价值观、行为方式、管理作风、图书馆精神、道德规范、发展目标和思想意识等因素的总和。它集中体现了图书馆的精神风貌和理论水平,是以物质为载体的各种精神现象,是图书馆的"意识形态"。

(三)管理学属性说

这种说法主要是从图书馆文化理论诞生的原因和图书馆文化的运用过程来认定的。图书馆文化诞生后,各图书馆都是在日常的管理实践中,以图书馆文化指导管理行为,塑造图书馆的整体形象,培育图书馆人的群体意识、价值观念和行为准则,这些明显的管理特征将图书馆文化定位于管理学范畴。

(四)亚文化形态说

这种说法认为,图书馆文化作为一种文化形态是社会文化的一个有机组成部分,是整个社会文化系统的一个子系统,具有大文化的共性和亚文化的特征。图书馆文化是图书馆在长期发展过程中,受政治、经济和社会文化等环境综合作用而逐步形成的,其最重要的职能即提高全体图书馆成员的综合文化素养,即建立共同遵守和信仰的,维系或推动图书馆生存或发展的,具有图书馆特色的事业信仰、战略意识、经营哲学、价值观念、思维方式、伦理意识、美学水平等,是指导从事文献信息工作者工作的哲学体系。

以上的各种说法从不同的角度阐述了图书馆文化的本质,不存在什么矛盾,也没有正确与错误之分。任何事物都具有现象和本质两个方面,都是现象和本质的统一,图书馆文化也是如此。只看到图书馆文化的现象,就只能罗列现象和整理现象,对图书馆文化的认识就只能停留在表层,而对事物本质的认识必须透过现象看本质。从图书馆文化的产生和发展、传承和积累,以及这些活动所取得的客体化成果,就是文化的本质。而人是文化活动的主体,凡是历史和现实中可以称之为文化的东西,都是文化创造主体人的本质。①

---

① 焦青.高校图书馆文化建设研究[M].北京:中国商务出版社,2018.

第二章　高校图书馆文化

第一节　高校图书馆文化定义

高校图书馆是高校的风景线,围绕图书馆形成的高校图书馆文化更是每一所高校的经典文化,代表着这所学校的校园文化。当然,高校图书馆文化在图书馆的建设和发展中,发挥着重要的作用,图书馆文化的现状,表明了文化氛围的现状,也就有相应的服务标准。建立良好的图书馆文化是高校图书馆管理者一直以来的追求,也是一所高校校园文化建设不可缺少的部分。在校园文化的建设中,了解高校图书馆文化,分析高校图书馆文化也是建设过程中的重要步骤之一。

一、图书馆的定义

什么是图书馆?学者们的定义不尽相同,但大多所指都是书籍收藏并提供借阅的地方。无论是官方、私人或公共的,或是古代的、现代的,图书馆是收集书籍的社会机构或场所,并向人们提供所收藏的书籍。刘国钧先生认为,图书馆是以搜罗人类一切思想与活动记载为目的,用最科学、最经济的方法保存和整理它们,以便社会上一切人利用的机关。黄宗忠先生认为,图书馆是对信息、知识的物质载体进行收集、加工、整理、积聚、存贮、选择、控制、转化和传递,提供给一定社会读者使用的信息系统,简言之,图书馆是文献信息的存贮与传递中心。吴慰慈先生认为,图书馆是收集、整理、保管和利用书刊资料,为一定社会的政治、经济服务的文化教育机构。程亚男女士认为,图书馆是对文献信息进行收集、整理、存贮、传递和开发,并为社会提供利用的科学文化教育和信息服务机构。《图书馆大百科全书》定义为:"图书馆是收集、整理和保存文献资料并向读者提供利用的科学、文化、教育机构。"《新华汉语词典》定义为:"收集、整理、保管、流通各种书籍,以供读者使用的一种文化教育场所。"《应用汉语词典》定义为:"搜集、整理和收藏图书资料以供读者阅览、利用的专门机构。"

  随着现代社会信息化的飞速发展,图书馆组织形式、馆藏资源、人员结构、服务模式等都在发生着日新月异的变化,有的变化甚至从根本上改变了传统图书馆的运行模式。相对于以纸质图书为唯一工作对象的、固定式的传统图书馆而言,现代图书馆有了质的变化与发展。在办馆理念和宗旨上,树立起"读者第一、服务至上"的办馆理念,旨在为人们提供公平、公开的信息服务。图书馆实现了从为官方或少数人服务向为社会全体公民服务的转变、以收藏为主向"藏用并重、以用为主"的转变。现代图书馆成为政府福利性的服务机构,除政府以外,学校、社区、乡村等社会组织及个人都被允许开办图书馆。在馆藏资源上,实现了由单一的纸质文献向纸质文献、电子读物、网络资源、共享资源以及微缩资料、声保资料等多形式载体转变。图书馆馆藏的概念发生了根本性的变革,馆藏之"藏"不再独自享有,而是共同拥有,不再藏而不"露",而是藏以致用。图书馆不再以拥有多少藏书而自豪,而是以能为更多的读者提供尽可能全面、细致的服务为目标。在服务方式上,凭借网络技术、信息技术以及数字资源的发展,彻底改变了传统图书馆的服务方式,书籍的借阅尽管仍然是许多图书馆一种重要的读者服务方式,但在远程服务、定题服务、综合服务、推送服务、自助服务、知识服务等方面挖掘新的知识与信息服务模式,成为图书馆重要的服务方式,为图书馆的生存与发展打开了新的空间,让图书馆赢得更多读者的信赖和社会的尊重。

  在新时代下如何准确地给出现代图书馆的定义确属不易。然而,尽管图书馆的办馆理念、服务宗旨、资源建设和服务方式等有了巨大的发展和质的变化,但图书馆作为社会的特定分工组织的本质并没有变化:图书馆仍然是人类知识的集散地,担负着人类知识收集和传播的社会使命。收集知识的目的是传播知识,为了传播知识必须做好知识收集,在知识收集与知识传播之间还需要组织好各种知识,知识组织因此就成为介于图书馆知识收集和传播之间的又一重要功能。知识收集、知识组织和知识传播对读者有着天然的文化教育功能,这是一个相对于学校教育功能的又一社会教育功能。不同的是,学校教育具有系统性、专业性、资质性和有偿性,而图书馆教育具有自主性、开放性、综合性和终身性。这一功能在图书馆得以深化和发展,成为图书馆的另一重要社会功能即社会化的终身教育功能。如今,图书馆的条件更好了,人们的需求更高了,文化休闲也已成为图书馆的一个新功能。图书馆作为一个文献资料收集、整理和知识信息传播机构的基本职能没有发生改变,这是其基本功能。在此基础上,我们可以定义图书馆为:承担知识和信息的收藏、整理和传播及公民终身教育职责的知识性服务组织。

二、图书馆的构成要素

回答图书馆由什么要素构成,不是一个困难的问题。

顾名思义,图书馆是收藏有图书的"馆"舍。那么图书自然而然是图书馆的重要构件之一,有书有馆才能称为"图书馆"。但是现代图书馆不仅是一个藏书的地方,更是文献信息资源开发与服务读者的地方。现代图书馆的馆舍不再是仅有四壁的、用来藏书的空间。图书馆里有计算机、网络设备以及专门的书架、桌椅、扫描仪及其他服务设施等,这些用以为读者服务的各种设施设备是图书馆的有机组成部分。因此,馆舍及设施设备是图书馆的又一构件。同时,有了图书馆,自然需要专门负责图书馆运行和服务读者的工作人员,馆员是图书馆的第三个构件。图书馆的一切工作都是以读者为中心,读者群体的知识结构、阅读需求都是图书馆必须把握的内容,图书馆的运营和工作的改进都必须依据读者的需求进行。因此读者是图书馆的第四个重要构件。事实上,读者不仅仅属于图书馆,读者更属于社会,他是独立于图书馆而存在的社会公民。但当人们需要阅读而来到图书馆时,他就成为图书馆服务的对象,成为图书馆存在的目的指向。

因此，全面而完整意义上的图书馆包含读者（这里的读者不是人的概念，而是读者对图书馆提供的知识与信息的需求）以及读者的意见和建议、读者对图书馆社会支持的相关看法等一切与图书馆有关的信息、思想和行为。就图书馆本身的构件而言，图书馆指的是图书、馆舍及设备、工作人员等属于图书馆的人和物共同营造的、服务于读者的阅读场所及环境。就社会而言，图书馆作为特定的社会分工组织，它由文献信息资源、馆舍及设施设备、工作人员和读者四个方面共同构成。

（一）文献信息资源

高校图书馆不仅是大规模文献信息资源中心，也是产出新知识的重要阵地[1]。传统图书馆由单一的纸质文献构成，而现代图书馆在信息化发展的今天，馆藏结构和组成有了很大的变化，图书馆不再是收藏单一纸质文献的地方。从载体上看，图书馆文献信息资源包括纸质文献、电子资源、网络资源、微缩资料和声像资料等；从存取方式看，包括本地资源、远程资源和共享资源等。另外，复合形态的馆藏也已成为现代图书馆的特色。现代图书馆文献信息资源，也就是图书馆为读者提供的各种载体形式的知识与信息资源，包括馆藏和非馆藏资源。

（二）馆舍及设施设备

用以存放书籍并提供读者服务的专门建筑就是图书馆馆舍。同时，为了有序地收集、组织、保存和借阅，以及开展其他多种形式的读者服务，图书馆配置了计算机、网络设备、服务台桌、读者座位、空调及饮水设备，设置了放映室、休闲区、绿化区、讨论区等。这些都属于图书馆的馆舍及设施设备。

（三）工作人员

图书馆工作人员主要由专业的馆员组成，同时还包括聘请的学科咨询专家、临时聘用的工作人员等。工作人员作为纽带，联系图书馆文献信

---

[1] 白阳,胡畔,郭致怡.元宇宙场域视角下高校图书馆文献信息资源创新服务模式研究[J].情报资料工作,2023,44(03):24-32.

息资源与读者需求。一方面工作人员需要及时掌握读者的知识与信息需求,另一方面要及时组织相应的文献信息资源并开展有针对性的读者服务。在具备硬件条件的基础上,工作人员的素质和能力对图书馆的办馆质量和社会效益起到了决定性作用。若图书馆拥有好的馆员队伍,则能够赢得读者的信赖,是获得社会肯定的重要因素。

(四)读者

现代图书馆发展进程中我们更多地将读者称为"用户",这样的称谓体现了现代图书馆由藏书向以读者需求为主导的转变。"读者第一、服务至上"的办馆理念成为现代图书馆普遍的选择,这也是时代对图书馆行业的选择。读者或用户指的是现实的或潜在的到图书馆寻求知识与信息服务的人。读者及其知识与信息需求是图书馆存在的基础和必要,没有读者,图书馆亦无存在的必要,读者及其知识与信息需求不是一成不变的,而是随时变化的。当图书馆不能为读者提供他们需要的知识与信息时,在信息化社会的今天,他们完全有理由且能够向其他信息机构寻求帮助,图书馆已经不具有唯一性。在此前提下,图书馆必须主动出击,找到自己的读者,留住读者,这既是图书馆的义务和使命,也是对图书馆的考验和挑战。因此,读者或用户既是图书馆的服务对象,也是图书馆的生命线和存在理由。

三、什么是图书馆文化

图书馆文化是指图书馆这一特定文化教育机构具有的文化特质以及影响力。

(一)文化属性

所有的图书馆构成了一个行业,具备文化属性,而文化属性是在人类的文化大环境中产生的,因而必须考虑整体性。

人类文明的具体化表现是人类文化,这也是文化对人类自身进化与发展产生的一种作用与影响力。图书馆是特定的社会分工组织,集散了人类知识,承担着收集知识并传播知识的社会职责。图书馆作为社会分工组织,本身就是一种文化教育机构,被赋予了文化的含义。因此,探讨图书馆文化,就要先从图书馆产生、发展的历史,图书馆功能的形成入手。图书馆的产生,从根本上说是社会生产力发展的结果,体现出的是社会文明的进步。所以,图书馆文化是在社会进步的影响下,产生、形成的行业特定文化。图书馆文化与其他行业文化的区别是,其凝结了图书馆这种特定分工组织中的特定文化现象和文化影响力,对人类社会的进步和发展起到了重要作用,它影响的是人,是对人智力的改造。

(二)图书馆事业文化

图书馆事业是基于图书馆运行,形成的具有系统性文化的现象、行为和精神。在人类社会历史进入一定时期后,图书馆才产生并发展,图书馆的存在是一种文明进步的标志,图书馆本身是人类文化的具体化。图书馆文化指明了图书馆对社会的作用,即图书馆对人类群体或个人的思想、行为产生的作用和影响,或者说图书馆对人的"人"化作用。

具体而言,在文化上,图书馆体现出了对人类的作用,这是由其所具备的社会职能决定的,具体表现在图书馆保存、整理、传播人类文化上,以及推动文化创新的功能上。从狭义上讲,图书馆文化是在图书馆行业范畴内考察图书馆的文化结构、形成和功能等。它包括三个层面:图书馆的人、物、事等构成要素;图书馆各要素的有机融合与发展;图书馆事业文化是一种人文精神的凝聚力、一种学习的境界和环境氛围。

(三)图书馆文化的特性

文化的特点是系统性、特定性、时代性和继承性。图书馆文化也不例外,除此之外,图书馆文化还具备其自身特性,这些特性是图书馆文化区别于其他文化的标志,也是行业本身的独特体现。

1.图书馆文化的独特性

图书馆文化具有独特性,这种独特性指的是图书馆行业和工作的文化特质。一方面,图书馆作为具有特殊性的社会分工组织,在社会文化大背景下,对图书馆行业文化有具体的要求,是指图书馆的办馆宗旨及其服务要求。进一步延伸,它表现为对图书馆的文献信息、工作人员、配套、管理规章等一系列图书馆要素的要求以及图书馆读书氛围的营造与维护。另一方面是指图书馆的存在及其活动在本行业中自发地形成的一种潜规则、一种职业道德、一种行业气质、一种从业精神。它自发地体现于图书馆人的精神面貌中,体现在图书馆服务读者的过程中,体现在整个图书馆的学习氛围和文化环境中。

2. 图书馆文化的系统性

所谓文化,它是文明的具体化,是一种系统的存在。图书馆人员的精神是图书馆外显的精神文化之一。它不仅是图书馆工作人员的精神,更多的是图书馆工作人员与读者之间的接触、图书馆工作人员置身于图书馆系统中的活动。同时,丰富的文献信息资源、完善的服务手段、健全的规章制度、完备的设施设备、图书馆的一人一物等皆是图书馆文化系统的组成,它们彼此联系、相互影响、共同作用,形成了一种独特的图书馆文化景观。

3. 图书馆文化的时代性

图书馆文化的时代性表现了文化的继承性和发展性。图书馆产生于古代的藏书楼,其仅能表现为藏书文化,古代图书馆文化由以下几种因素构成:楼舍、书籍的数量和所在的地位。而到了现代社会,图书馆文化就是以现代化的技术手段,通过对各种载体的文献信息资源的收集和传播并服务于读者的一系列综合文化元素。图书馆文化在不同的社会发展阶段表现是不一样的,就图书馆行业自身而言,主要是管理方式、读者、文献资源、技术水平以及馆舍建筑等方面。

(四)图书馆文化的功能

以人类历史长河和全社会文化为大背景,考察图书馆,发现图书馆的文化功能体现在两个方面:一是促进人类社会文明的进步;二是图书馆活动通过自发凝结,形成具有行业特色的文化,有效补充了整个社会文化,并产生了影响。在行业本身的范围中,图书馆的文化功能表现为图书馆的人、物、事在图书馆活动中凝结而成的一种精神、一种环境和一种氛围,以及对图书馆行业自身建设与发展的促进。

1. 广义的图书馆文化功能

第一,图书馆活动对人类文明进步具有促进作用。图书馆是人类文化发展到一定历史阶段的产物。文字的产生、系统的知识载体,这是两个必备条件。随着社会文明的进步,图书馆出现并成为一种专门的、特定的社会分工组织,具有保存、整理、传播文献信息,文化教育和休闲等社会功能。从另外一个角度来说,人类文明发展所需要的知识和文献信息资料能够保存和传承是因为有了图书馆的结果。图书馆使前人的知识更方便地被后人学习和发扬;正是因为图书馆的存在,使学校的学生不仅学习到书本上的知识,还能学习到不同领域的知识;科学工作者和其他社会成员可以免费看到他们想要的书籍,有一个固定的地点方便他们学习;社区居民拥有补充文化知识和休闲的场所;农民通过图书馆学到相关的农业知识,了解外面的世界。总之,图书馆作为文化服务机构,对社会文明的建设、社会的发展起到了不可替代的作用。

第二,图书馆文化是整个社会文化的组成部分。图书馆事业是文化事业的组成部分,图书馆文化是社会文化的组成部分。这种文化不仅具备图书馆文化本身的特质,还具备在整个人类文化(这里的人类文化不是广义的人类文化范畴,而是狭义的人类文化范畴即精神文化范畴)中的特征,以及由此产生的社会影响力。

2.狭义的图书馆文化功能

狭义的图书馆文化功能指的是图书馆在其行业圈子的文化功能。它的侧重点是图书馆文化对图书馆活动产生的影响。从这个角度出发,图书馆文化具有以下功能:首先,形成和促进行业的发展。图书馆的人、事、物都烙上图书馆特色,而图书馆工作标准的实施,"约法三章"的设置规范了图书馆的运行,使图书馆运行有序化,每一个到图书馆的读者均会受到这种文化的影响,虽然影响的程度不同,但这也是图书馆行业存在和发展的基础;其次,图书馆在长期的工作中,通过积累和实践形成独特的图书馆阅读氛围和环境,有很强的稳定性。这种独特的文化气质会对每一个读者产生影响。会使图书馆成为一个独一无二的"图书馆",并内化为一种精神——图书馆精神,赋予人们学习和求知的勇气,是书香文墨的圣地,是合作共享、平等开放、服务于人的精神,是辛勤耕耘、甘当人梯的境界。人们来到这里就为了求知和创新,为了进步和升华。它对图书馆人和读者产生约束的作用。图书馆的工作标准和规章制度对图书馆工作人员具有约束作用,使他们的职业行为有标准可依、有章可循,体现一种规范的从业道德:以人为本、尊重读者。同时,图书馆的规章制度对读者也有约束作用。例如要求读者进入图书馆时,衣冠要整洁,要讲文明,行为举止要有礼貌。

(五)图书馆文化的构成

图书馆文化是文化的特殊形式。首先我们探讨一下文化的结构。文化的结构有三个部分:物质文化、精神文化和行为文化。物质文化是表现在外层的文化,是外部的;精神文化是蕴含在事物内部的,是内涵性文化;行为文化是一种实践文化。精神文化通过作用于客观事物从而显现出来,这个作用的过程就是行为文化。它通过某个事物的外部让我们或多或少地看到内在的精神。精神和行为结合后,在物质文化上有所体现,并且相互作用,这种相互作用对事物本身的发展和进步起到了促进效果,但不是单一的过程,而是一个复杂的综合系统。

或者说,精神文化、物质文化和行为文化相互作用、相互促进。精神文化决定行为文化,行为文化又反作用于精神文化,精神文化、行为文化与物质文化相互影响,相互促进。

图书馆文化是一种特定的文化。它具有文化的共性,又有其特殊性。在共性上,基于对文化结构的一般分析,我们认为图书馆文化也是由图书馆精神文化、图书馆物质文化和图书馆行为文化三个方面构成的。在特殊性上,我们从两个角度分析图书馆文化的结构。

首先,将图书馆本身的构成元素作为基础,对图书馆文化的结构进行考察。图书馆是由文献信息资源、馆员和读者、馆舍与设施设备构成。第一,图书知识的资料、建筑及配套设施是图书馆的物质基础,是图书馆发挥其基本功能的组织,以此为基础形成了图书馆文化,这是图书馆的物质文化;第二,图书馆中人的元素是图书馆员和读者,图书馆中人的存在使图书馆内形成了特定的文化氛围,表现为对知识的渴望、良好的职业道德和兢兢业业的服务精神……这属于图书馆的精神文化范畴;第三,图书馆中存在的人,其言行举止体现出的是图书馆的精神文化,并将其作用到图书馆上,彰显于图书馆物质文化,但它本身是图书馆建设过程中方方面面的实践行为,这属于图书馆行为文化。图书馆离不开这三种文化的融合。当然,图书馆仅仅依靠行业自发的力量是不够的,图书馆行业还需要一系列的制度支撑,因而就形成了一种制度文化。不能简单地将制度文化归类到物质文化、精神文化或者行为文化中,制度文化不仅体现出了精神文化,也是行为文化的一种书面形式。但为了方便研究,多在行为文化中对图书馆制度文化进行探讨。图书馆馆员和读者的行为很大程度上受到图书馆制度的制约,同时与图书馆行为文化一样,图书馆制度体现出图书馆的办馆理念、管理者的要求、馆员的工作规范与职业精神以及读者的需求与利益等一系列的图书馆精神范畴。从以上分析可以知道,图书馆文化由物质文化、精神文化和行为文化三个方面构成。

其次,从图书馆文化的角度(图书馆文化的功能或作用)看。广义上,图书馆文化功能对社会作用的研究,是将图书馆文化作为一个文化整体或文化系统的。狭义上,图书馆文化功能的研究,是研究图书馆文化对图书馆行业本身的作用。图书馆文化对图书馆的建设与发展有什么样的作用呢?一是促进了图书馆物化成果的形成与发展,即促进了图书馆看得见、摸得着的物质基础形成和发展,这包括文献信息资源、馆舍、设施设备等硬件;二是形成了诸多可贵的精神,求知与创新的精神、敬业与奉献的精神、协作与共享的精神和优雅的文化教育氛围……这一切都是图书馆精神的凝练;三是养成了一种习惯、一种工作规范与要求、一种人与人和谐相处需要的文明礼貌与彼此尊重,这都是图书馆行为文化的表现。因此,从这个角度上说,图书馆文化体现并凝结在图书馆的物质、精神和行为之中。

由以上分析可知,物质文化、精神文化和行为文化是图书馆文化的组成部分,是分—总的关系。

图书馆最初是人们收藏图书的场所。经过几千年的演变,作为文献信息资料收集、整理、传播的功能仍然延续,正因为这几千年的积累与发展,形成了图书馆文化,这种文化成为图书馆发展的内核。这个文化内核包括图书馆的规章制度、图书馆在读者心目中的形象、图书馆的价值观等。

经济文化发展的需要,对图书馆的发展起到了促进作用。虽然图书馆是为经济文化发展提供服务,但在其长期的生存和发展中,形成了具有自身特色的文化。图书馆文化主要有哪些内容呢?对于高校图书馆,其定义是以大学文化为背景,以图书馆自身的馆文化为基础,通过图书、文献资料的管理使用,形成了具有图书馆特点的思想观念、行为方式、道德准则、知识体系等外在的形象和物质形态的总和。

在文化含义上,高校图书馆涵盖了两个层面,分别是形象层面和观念层面。

所谓的形象层面的图书馆文化,指的是图书馆外在的物质文化,这种现象是通过外在的环境、图书馆的藏书量、当前新技术的使用等带来的直接形象,是图书馆文化的基础和载体,也体现出图书馆的基本实力,是图书馆实力的标志。

所谓的观念层面图书馆文化,指的是图书馆管理制度方面的文化,这种制度方面的文化是经过长期积累发展起来的,是图书馆运行的有效保障,规范和约束图书馆自身、图书馆馆员和读者的行为。因此,就图书馆的管理而言,制度文化包括的内容广泛,如国家和地方的图书馆法、图书馆政策、图书馆管理机制、图书馆业务的各种规章制度,以及国家、地方和各图书馆的发展规划等。

从观念层面的图书馆文化来说,这种文化指的是图书馆的精神文化,其形成的精神风貌和文化氛围具有特定性,是经过长期发展形成的,是图书馆文化的灵魂和核心,也是图书馆文化的物质层和制度层形成的思想基础。观念层面的内容包括理想信念、管理精神、职业道德、管理作风、审美情趣、心理习惯和生活品位等。

研究发现,超前性、多元性、非强制性和实践性,是高校图书馆文化的基本特征。其中的超前性,是指高校图书馆文化在形成和发展过程中,经过了不断分析、选择、吸收,衍生出了符合社会潮流的新文化体系,具有文化生成的超前特点,对社会文化产生先导性。其中的多元性是指高校图书馆是各种社会文化和思想的聚集地。非强制性是指图书馆文化对高校师生产生的影响,通过图书馆内的精神氛围和文化整体,对人员的情绪潜移默化,陶冶人员的情操,塑造人员的心灵,引起人员的感情共鸣,进而形成了一种自觉、内在的驱动力,使进入图书馆的人员有意无意地融进图书馆文化中。而实践性则指的是图书馆文化不仅为学校的教学实践活动提供文化服务,也对教学实践进行补充。

第二节　高校图书馆的网络文化

一、网络文化的内涵

网络文化是伴随互联网的广泛应用而产生的,以互联网为载体,以信息交流为中心,在网络构成的开发和虚拟空间中实现信息的传播、互动和创造,并由此带来社会生活变化和人们行为改变的文化形式的集合。

网络文化表现得最直接的就是信息量剧增和沟通速度加快。

网络使得人类的沟通变得简单。信息传播高速、交互和动态化,突破了时间、地点的限制,所有人都能够从网络上获取信息。同时,任何人通过上网设备或者终端都可以向网络提供信息,发布自己的观点,每一个人成了网络中的一个节点,既是信息的接收者,也是信息的传播者。首先,网络将所有的信息源连接起来,当然也包括图书馆,形成了一个巨大的信息网络,将所有的信息笼络到这个网络中,任何人都可以从上面获取信息,突破了传统图书馆的地域和时间限制;其次,随着网络的发展,各种专业型的数据库逐渐建立起来,形成了专业性更强、内容更丰富的数字图书馆,这给读者提供了更丰富的资料;最后,网络的发达,为图书馆提供了更便利的途径来搜集文献信息资料,而且高效率的现代化技术和存储技术扩充了图书馆的容量,甚至一些图书馆可以利用外部的数据库,图书馆本身的发展也突破了建筑空间上的局限,无形信息资源库也是图书馆的一个重要组成部分。

二、网络文化的特征

(一)网络文化具有高度的开放性

网络文化的开放性,具体表现在不受地域及人为因素的影响,是真正的大众文化形式。网络为所有人平等地提供了任意存取的信息交流环境,任何人只要进入网络空间便可分享来自世界各地的文化,可自由地发布信息、交流思想。在这里,不存在时间与空间、制度与风俗、主流与边缘等文化交流的障碍。

(二)网络文化具有动态交互性

网络是主客观的兼容。个人作为网络中的一个节点,既是网络的使用者,同时又是网络的主体,是网络信息的创造者和提供者。网络上的信息交流方式已不再局限于传统媒体的单向型传播方式,而可建立双向或多向互动型的交流关系。网络上的互动交流就和人们面对面交流一样快捷与方便,使交流功能更加完备、有效、及时。

(三)网络文化具有高时效性

网络传输速度快,突破了时间和空间的限制,这是网络时代的突出特点。这种高效率影响了整个社会的节奏,导致社会各方面的行动加快,推动了社会高速发展。同时网络提供了快速的传输通道,将全世界密切联系到一起,拉近了人与人之间的距离,全球化程度不断加深。

(四)网络文化的多样性

网络作为平等自由交流的平台,使人们突破现实生活中的一些身份、地位、制度的限制,相对自由地表达自我观点,发表言论,因而形成了多种网络文化。这些网络文化迅速扩散,扩散的同时相互融合,由此可以促进文化的创新和发展,极大地丰富了文化,提供了充足的文化资源,为人们生活提供了精神产品来源。

(五)网络文化的虚拟性

网络空间是在网络中的电子空间,传递的信息也是以数据代码的形式传播,因此与现实的空间是有区别的。每一个人的言论以及行为仍是来自人类在现实中交流活动的方式,因而网络空间可以看成由人类的活动构成的一个虚拟空间,在这个空间中,人类进行与现实生活一样的行为和活动,甚至形成一个虚拟真实的场景活动,如网络游戏、网络聊天等。

各种形式的网络文化促进了人类的文化交流和知识的传播,丰富了人们业余的文化生活,并为人类文化创造力的发挥提供了一个巨大的发展空间。这种依托于网络的新型文化形态已融入人们的社会生活中,是现代文化的组成部分之一。

三、网络环境下图书馆文化的内涵

(一)含义

伴随着网络技术的高速发展,国家信息基础设施的逐渐完善,网络用户数量不断增加,因特网上提供的各种服务也不断增多,网络已成为人类社会新一代的信息媒体和通信手段。在社会和经济发展上,网络带来了新动力,也为图书情报工作的开展,创造了更为广阔的空间。因特网是一个协议统一的网络,计算机接入后,就能够实现互相通信,进而为图书馆传送大量的书目、文献,并为其他数字化文献信息提供了基础和条件。连接全球各个国家、城市、地区的因特网,不仅能够作为图书馆之间传送业务数据的资源共享平台,也能作为向广大用户提供文献信息的网络服务平台。

20世纪60年代的美国,网络开始在图书情报事业中应用。1967年,由美国俄亥俄州的几个图书馆发起,成立了世界上第一个图书馆网络,最开始的目的是使图书资源的利用率得到提升。图书馆网络一出现,就受到了图书馆情报界和众多图书馆用户的欢迎,并快速地从地区发展到全国、全球范围。现在,基本上所有国家的图书馆都实现了网络化。不同的图书馆之间已经实现了资源的相互查询,读者可以在任何地点进行资源查询,并获得一些其他网上信息服务。

20世纪90年代中期,中国高度重视互联网技术的应用和发展,借此机会,图书馆和图书情报机构在国家的大力支持下,建立了中国高等教育文献保障系统、国家科技文献资源网络服务系统、中科院网上文献信息共享系统、国家数字图书馆工程等。图书馆资源日趋丰富,图书馆服务的群体也逐渐增多,网络在图书馆服务中的普及带来了传统图书馆的革新。第一,图书馆文献信息资料收藏发生了变化。传统图书馆大部分收藏纸质图书和文献资料。随着网络的应用,各种电子图书、电子资源库都引进到图书馆,大大丰富了图书馆的馆藏资源,有的图书馆将纸质图书文献资料转化为数字资源,形成专业性数字图书馆。第二,服务方式改变。传统图书馆重视实体服务。网络时代,图书馆的很大一部分服务是利用网络和计算机进行的。因此,通过稳定强大的数据库服务器为服务对象提供快捷、准确的数据信息服务成为图书馆必须重视的问题。而且,随着网络高速快捷发展,每一个图书馆成为整个信息网络中的一个节点,每一个图书馆只能提供所擅长的内容储备。在此前提下,图书馆的服务也融入整个网络环境中,而图书馆的服务方式和管理方式也难以避免地成为网络文化的组成部分,对网络环境下图书馆文化的形成与发展产生了影响。传统图书馆文化与网络文化在结合后,形成了新环境下的图书馆文化。这种新型的图书馆文化的发展是以传统图书馆文化为基础的,而且具有网络文化的显著特征,充分体现出了新型图书馆的技术文化、管理文化和服务文化。从技术角度上讲,图书馆通过最新的信息技术,对各种资源进行搜集、加工、组织、存储、传递,从而丰富各种数字化馆藏,为读者提供优质高效的文献信息服务;从管理文化角度上讲,是利用网络技术手段,加强图书馆馆藏资源的建设、信息服务、协调用户对象、资源与读者互动的一体化管理,实现广泛的资源共建共享等;利用大数据等信息技术开展个性化服务,开展网络信息自动提送等智能服务。

图书馆文化在网络环境下仍不断地发展。图书馆管理者作为图书馆文化的承载者,要有效地结合图书馆文化与新时期的文化,使图书馆文化真正具备时代的精神,达到图书馆文化与人类文化的统一、科学与人文的统一。与此同时,利用网络文化优势,吸纳网络文化,通过网络传播图书馆文化,弘扬优秀图书馆文化精神,使图书馆文化与网络文化融为一体,促进优秀图书馆文化与网络文化健康地发展。

(二)互联网时代图书馆文化特征

1. 互联网时代图书馆文化的载体

互联网时代,图书馆文化的载体包括了互联网技术、大数据技术、计算机技术等先进的技术设备和数字化馆藏资源,利用互联网,使图书馆文献信息资源快速地传播,打破了图书馆服务范围受时间和地点的限制,使图书馆服务与用户的沟通同在一个动态开放的环境中。同时,图书馆的用户突破了地域限制,远远超过传统图书馆的用户量。在原有的图书馆用户群体的基础上,增加了网上图书馆用户。此外,图书馆的馆藏资源也呈动态开放性。除了实体馆藏外,图书馆利用更多的网络信息资源,组建虚拟馆藏,从而为用户提供便捷的利用服务。这种以网络信息资源为主的虚拟资源,使图书馆的馆藏资源体系扩大,也就是从馆内的实体文献扩大到馆外的互联网范围,并随互联网相关信息的动态变化而变化,现代图书馆的馆藏也就呈动态化。比如现在普通高校都有的中国期刊数据库(CNKI),这些期刊每个月出版过后都有数以万计的新文章加入这个数据库,而对于图书馆来说,也就增加了相应的数据存储量。除了馆藏,通过互联网还搭建起了一条读者与图书馆互动交流的通道,读者可以通过网络反映自己的需求,也可以对图书馆的服务提出意见和建议,这种开放互动的方式是一种新型的图书馆文化,这也使得图书馆管理者和服务者需要转变工作思维方式,以开放的心态,吸引读者参与到图书馆的管理和服务工作中来。

2. 互联网条件下图书馆文化的个性化

互联网时代,图书馆文化与其他文化相互作用、相互影响、相互融合,界限越来越模糊。而且,图书馆文化已经无法脱离以互联网为基础构建起来的网络文化。衡量图书馆文化影响力的一个关键因素就是图书馆的读者,要让更多的读者关注,图书馆就必须具有其特色,必须发掘自己的优势资源,服务自己的读者群体,同时结合自己的服务优势,形成独特的文化服务模式。

3. 互联网条件下图书馆文化的全球化

互联网条件下,图书馆不再局限于某一城市、某一个单位。图书馆变成了一个地区、一个国家甚至是世界的知识中心。世界各地区的人们可以通过访问一个图书馆,查阅图书馆资料,了解一个地方的风土人情。图书馆已经从一个区域性的文献信息中心,发展成了一个世界文化知识中心,成为世界文化网络中的一个节点,这就使得全世界的知识文化能够共享,让一个图书馆文化成为全球文化的一部分。

四、互联网条件下图书馆文化的影响

图书馆的服务对象是读者,作为一个社会文化机构,有其工作衡量标准,即最大限度地满足读者的信息文化知识需求,吸引更多的读者成为图书馆的服务对象。在互联网时代,图书馆主要在以下几个方面为读者提供最优服务:一是让读者可以便利地查询到其所需资料是否存在及其位置;二是文献资源能否可以被轻松利用;三是获取文献信息资料的形式是否可以被使用。

传统图书馆的服务方式是图书馆按照读者的要求提供相应的文献资料或者图书信息。尽管图书馆的工作系统从各个方面都围绕着提高文献的获取性进行运作,但受文献传递方式的制约,难以从根本上提高图书馆的文献获取性。互联网技术提供了信息数据远程传递,读者与信息中心的距离大幅缩短,方便了读者的查询和获得,互联网从根本上改变了图书文献信息服务方式,图书馆信息服务模式发生了颠覆性的改变。

目前,图书馆的书目信息资源共享已经实现。在图书馆的资源共享体系中,书目信息共享是最早得到重视和发展的。现在,不仅图书馆在采访编目工作中已实现了联机编目,而且用户也可以通过网络查询联机图书馆的公共目录,同时查询的对象不只局限于某一图书馆的书目数据库,而是网络公共联机目录系统所包括的所有图书馆的书目信息,查询的内容也不只限于书目数据,可以扩展到其他领域,能满足不同用户的需求。

各个孤立的图书馆馆藏经过数字化处理后,按一定的格式标准建立统一的检索界面,通过网络连接形成跨地区的联合馆藏,用户可以不受时间、地点限制,实现文献信息传递和文献提取。对图书馆来说,信息膨胀与图书馆经费有限的矛盾得到了缓解。对用户来说,进一步改善了文献的可获取性。

互联网的发展使得图书馆必须更加开放,图书馆成为网络知识信息节点,必须对全社会开放,图书馆的服务者也不仅仅是局限在一定范围的读者,而是网上信息资源的传递服务者。它将大量的经过组织的数字化馆藏文献信息快速存取和高速传递,为用户利用,这就更好地提高了馆藏文献信息资源的获取程度。

图书馆通过网络开展服务，使图书馆服务手段更便利、高效，减少了用户获取文献的时间。例如，用户不用到图书馆就能了解图书馆的馆藏信息、借阅规则、办理借还书或预约手续等，可便利地通过网络代替手工的文献传递。网络化在影响用户获取方式的同时，也改变了图书馆员在文献信息获取方面承担的角色。在传统图书馆中，图书馆员是服务中最活跃的角色，图书馆员处于实现保证"可获取性"目标的最前沿，读者面临什么困难，图书馆员就有责任提供相应的技术、发展相应的技能为用户解决问题。同样，在图书馆从采访编目到典藏流通和管理的各个工作环节中，图书馆员的行为方式都会影响到用户对文献获取的程度。

随着网络的普及和信息用户群的不断扩大，网络已经成为越来越重要的获取信息的渠道。网络为各种类型的用户获取并利用网络信息资源提供了方便，加快了信息交流的速度。网上信息服务机构的不断增多和网上专业数据库种类的增加，使信息用户群越来越频繁地从网上利用图书馆以外的信息资源。但在另一方面，文献载体的多样性，使文献信息检索的难度增大；信息的易获取性又造成获得的信息太多、选择困难等问题；网络的全球化使语言和文化的差异在信息交流上的障碍更加明显；目前网上各种专业搜索引擎和数据库的检索效能都不理想。这些都是网络信息环境下所产生的新问题，影响了用户对网络信息资源的可获取性。可以说，图书馆员就是用户的信息导航员。

随着图书馆实现了网络化，图书馆教育职能的实施也将主要通过网络开展。但网络环境下，图书馆实施教育职能将主要依托于数字图书馆的网络教育形式开展。数字图书馆是21世纪图书馆的发展趋势，同时也是实施终身教育的有效工具，利用数字图书馆实施终身教育工作，具有明显的优势。

(一)优势

1.图书馆拥有海量文献信息资料，既有本馆的数字化馆藏资源，还有各种数据库资源

图书馆能够通过各种手段满足读者的需求，这是对图书馆工作的基

本要求。信息化时代下,网络上充斥着各种各样海量、冗杂的信息,人们没有时间去选择、组织或者归纳。还有一些垃圾信息,人们很难区分出来。数字图书馆就相当于一个过滤组织,通过图书馆专业人员的收集、整理和加工之后,成为系统性的有价值的信息,满足读者的使用。这些信息的来源,包括图书馆自身的资源信息储备、对本馆资源的整理和开发以及吸收外界的专业数据库以补充图书馆自身的资源量,这些都是其他教育机构无法提供的内容,在数字化时代,优势更加明显。

2.数字图书馆在服务方式、服务内容上科学高效

数字图书馆为读者提供了无须固定地点和时间的服务,使用户可以便捷地获取所需要的信息,为开展全民终身教育提供了有效的支持环境。首先,在服务方式上,数字图书馆通过多种手段,按照一定的要求和规范组织信息资源,同时通过编排索引的方式使这些信息资源能够便捷地被检索。可以通过跨库检索的工具使不同数据库内容被检索到,让不同的知识类别在互联网上实现了联通,这就为读者进行深度学习和教育提供了基础;其次,图书馆拥有完备的传播系统,能够将丰富的文献信息传播给使用者。推送功能的广泛应用让读者也可以随时随地获取图书馆资源的更新,掌握最新的信息动态;再次,集中性、批量化的学习模式已经不能适应当前的个性化在线教育模式,数字图书馆通过丰富的资源、个性化的在线服务模式满足了这种需求,学习者可以根据自己的喜好、学习时间来制订自己的学习计划,以及个性化的学习界面、学习内容等;最后,数字图书馆提供了多种学习形式,面对视频、音频、文本、图片等,通过电脑、手机等工具进行学习,这些方式为学习者提供了更多的自主性,学习内容被更丰富、形象、生动地展示出来。

(二)对加速知识信息传递的影响

新出现的信息载体和传递手段相对于传统的纸质文献有着无可比拟的优越性。这些新型的信息载体传递信息时具有传递速度快、存储量大、检索方便、功能综合化等特点,知识和信息传播的规模得到了空前的扩大,进而引发了人类科学技术的高速发展和知识文化的广泛传播,出现了"知识爆炸""信息爆炸"的现象,推动人类社会进入信息社会和知识经济

时代。另外,随着网络的普及,网络电子信息传递已对印刷型文献传递信息的主体地位造成了影响。互联网传播是数字代码作为载体来实现信息的传递,实现社会文化传播目的的一种传播方式。网络最根本的特点就是它能实现信息的快速传递和信息资源的广泛共享。这两点就形成了网络的三大基本特征:一是时空压缩。传统信息资料数字化突破了空间地域限制,可以进行超地域、跨时空传递,而印刷型文献的传递必然要受一定时间、空间的制约。二是传受双方地位的变化。在数字资源传播中,传受双方的地位不再是传与受的区分,二者是一种双向互动的关系,而印刷型文献的知识信息传播方式是单向的。三是高效检索。通过一定的信息检索工具该方法可迅速从海量网络信息中查询到相关的有用信息,并可支持多途径检索。相对而言,印刷型文献的信息检索效率低,成本高。

  网络信息传播的这些优越功能,极大地推动了全社会知识信息与文化的传播速度和效能,并改变了信息传播主体与信息用户的信息利用观念。

  对网络信息传播主体来说,网络传播改变了图书馆的传统工作方式:更加重视收藏、组织可通过网络传播的数字化文献,并越来越多地通过网络来开展工作和服务。网络传播正改变着其文献服务的理念、方式、过程和内容,如需要重视受传者的个性化需求等。

  对网络信息用户来说,其文献信息利用行为也发生了变化,信息用户越来越多地通过网络来获取信息。用户对信息的认知、思维方式以及信息接收心理也都发生了变化。如多媒体信息的内容与表现形式更加丰富、直观,更易于用户的接收和理解;数字化的资源组织和传播方式,也慢慢改变了用户的阅读、认知和思维方式,培养了用户的自主学习和参与能力。随着网上文献传播的发展,网络传播和文献传播可能逐步走向融合,以此达到加快知识交流的目的。

(三)互联网环境下图书馆文化的发展

  我国的图书馆经过多年的发展,积累了相当丰富的文献资料,这是其他任何信息服务机构无法比拟的,在我国信息服务中占有重要地位。互联网时代,图书馆通过数字化加工,将图书馆的馆藏资源转化成为可以数字化传播利用的数字化资源,成为互联网中重要的信息资源库。图书馆在长期的发展过程中,形成了完善的信息资源发掘、收集、整理和传播扩散的规范,同时能为这些规范严格执行提供组织保障。因此要尽快转变思维,把图书馆的这种组织优势和管理经验转化过来,让图书馆实现跨越式发展,将图书馆建设成专业、系统的网络知识服务机构,扩大图书馆在网络上的作用和影响。对高校图书馆而言,因为高校图书馆拥有丰富的馆藏图书,以及高水平的科学文化知识保障,因此高校图书馆可以根据自身学科和服务特色优势,建立专业型信息数据库服务,使高校教学和业内科研成果转化实现有效化与传播。地方公共图书馆则可结合地方资源特色,通过设立地方性资源数据库等方式发挥自身重要性,抢占互联网时代信息传播的制高点。

图书馆应通过多种途径发挥自身优势,加强自身资源建设,尽可能地提升本馆的信息资源传播范围和效果,提升全社会的文化品位,为传播优良文化做出自己的贡献。

互联网时代,各种信息层出不穷,相互影响,相互融合,形成了独特的网络文化,但其质量参差不齐,就可能给人们的生活带来不良影响。图书馆作为文化传承和传播的机构,担当着传播优秀文化、影响大众的重任。互联网传播必须通过各种读者喜闻乐见的方式呈现优秀文化,影响大众、教育大众,使得互联网成为传播优秀知识文化的重要阵地。同时,在近些年一直强调的优秀传统文化传播普及方面,图书馆更是义不容辞,应积极发挥图书馆传统资源优势,将优秀传统文化普及到大众生活中。

在互联网时代,图书馆可通过技术手段(如增加图书馆服务入口和服务项目),将图书馆在多年的服务工作中积累的服务经验与方式方法运用到互联网建设和服务中,同时应树立自身独特的服务标志和文化,打造独有的信息服务品牌,吸引更多的用户关注图书馆工作,成为图书馆资源的开发者和利用者。

图书馆的资源开发和利用是一个有机统一体。互联网时代,开放共享是其主要特征。单靠图书馆有限的经费和人力资源,已经无法汇集最优势的资源开展最优服务,因此必须以开放办馆的心态,以读者为中心,了解读者,亲近读者,让所有与图书馆相关的主体参与到图书馆资源建设和服务中来。图书馆应积极反映读者需求,寻找读者需求,把图书馆建成读者的信息获取中心、成长基地。

互联网时代的图书馆,将是一个有限性和无限性并存的组织。一方面,为读者提供了优雅的阅读环境,良好的学习氛围,同时成为在嘈杂社会中的一片静地,读者能够在这里学知识,陶冶情操;另外一方面,图书馆通过多种形式建立的知识数据库,以网络为通道,任何人都可以从这里获取资源,享受网络在线服务等项目,一个图书馆影响的范围和人群是无限的。互联网时代的数字化图书馆和传统图书馆将会并存,任何一方都不会消失,随着这两种方式的融合,图书馆产生的作用会越来越大,服务的范围会越来越广。

第三节 高校图书馆的信息文化

一、信息文化

(一)信息文化的含义

信息文化存在的基础是信息资源,信息文化可以看成信息资源的内容表现。信息资源是信息文化的含义,信息文化狭义上可以理解为信息资源。那么,广义上的信息文化是指什么呢?它不仅仅指资源,还包括与资源相关联的制度、文明和信息产业。本书研究的信息文化,是狭义上的,是基于信息内容的一种文化,是在精神范围内的。

一般认为,信息产业包括以技术为基础的信息技术产业和以信息文化为基础的信息文化产业。这两个方面是针对传统产业的信息化技术改造和信息文化改造。而在实际过程中都只实现了技术的改造,并没有进行信息文化的改造和提升,实际上信息技术和文化是两个相辅相成的方面,缺少技术的信息文化不能提升,而缺少文化的信息技术没有长期发展的动力。

(二)信息文化的内容

前文说过,信息资源是信息文化存在的基础,而能够成为资源,首先要有可利用性,就必须满足三个条件:一是与人类的需求有一定的关系,能够为人类带来一定的效用;二是信息资源是人类经过研究开发出来的信息内容,能够为人类创造价值;三是人类在资源的开发过程中发挥了一定的作用。既然信息文化狭义上理解就是信息资源,那么对于信息资源的内涵,也有两种说法:一种认为信息资源指有一定价值的能够为人类开发利用的信息内容;另外一种理解为除此信息内容外,还包括与信息相关的技术、设施和人员等。当然,不同的信息资源由于加工深度、价值不一样,分为不同层次的信息资源,如一般的信息资源、具有价值度很高的知识信息资源和情报信息资源。

(三)信息文化的类型

1. 文献信息文化

文献是以一定符号记录知识和信息的一切载体,是信息最正式、最重要的载体形式。文献信息主要包括专利、标准、技术报告、期刊论文、科学论著、资料汇编和往来信函等。它的形成和传播可以是创新主体进行合作研究或开发的结果,也可以是各种创新形式扩散的结果,还可以是创新主体通过信息活动主动搜索的结果。

2. 物化信息文化

物化信息主要包括机器、装备、生产线等,直接代表着技术创新的成果,蕴含着丰富的创新信息。这些技术产品中的转移既是技术扩散的重要渠道,同时也是创新信息的重要渠道,是创新信息的重要来源。

3. 人才信息文化

人才信息包括人与人之间的关系以及这种关系中形成的信息传播渠道和文化。人才信息中蕴含三种重要的信息内容:一是话语信息。许多创新思想就是通过非正式的话语交流获得的。二是情景信息。只有在具体情境中才能准确地传播和理解。三是知识面已是结构化的知识,是关于创新的一般方法和解决问题的能力。人才信息传递是衡量知识创新中信息、知识流动的一个重要指标。

4. 网络信息文化

利用互联网进行信息交流是获取信息的一种形式。随着计算机应用的普及、网络的发展、数字图书馆的建设,网络信息将成为一种主要的信息类型。它具有方便、快捷、信息量大、高传输性、可分享性、交互性、感染性、易复制等优点,代表未来信息流的趋势,前景广阔。网络信息具有空前的复杂性和多样性,将会极大地提高信息传递和知识创新的效率。

(四)信息文化的素质

1. 信息素质

信息素质反映一个人的信息文化水平,它是指"人们所具有的信息意识、信息处理的各种能力和技能,包括信息搜集(开发)、鉴别、综合分析的能力,信息技术运用能力,以及积极的信息心理和良好的信息道德"。

2. 信息素质标准

标准一:能够明晰信息需求的范围和内容,准确界定信息需求;能够从纷繁复杂的信息中发现潜在信息;评价和预估信息资源的价值和费用。

标准二:能够综合利用各种检索工具和手段,依据一定的信息需求找到相匹配的信息资源;能够在检索中根据实际情况补充和修正自身信息需求;获取到信息后能够对相应的信息进行分类、整理和使用。

标准三:对检索的信息资源进行综合利用,并在此基础上进行创新,从而产生信息的价值。

(五)信息文化的交流特点

信息文化以信息技术为基础,信息传递便捷、速度快、范围广。这种文化交流上与传统的工、农业文化不同,手段上电子化,对象上凸显全民性,方向上逆向化,内容上丰富化。

任何一个国家或者时代都存在主流文化、亚文化和负面文化(反文化)三种情况。农耕文明和工业文明时期,一统天下的文化主导国家的方方面面,而信息时代,文化大繁荣,主流文化的地位受到不同文化的冲击,这些文化对大众产生了一定的影响。作为主流文化传播的机构——图书馆,如何在信息化时代坚守文化传播阵地?

图书馆作为主流文化传播的中心,坚持自我立场,巩固充实信息文化资源,全方位融入信息技术环境,提升信息文化传播能力。

1. 认同并与亚文化交流

亚文化总体上是与主流文化保持一致的,因此必须认识亚文化、深入了解亚文化,在此基础上,正确评价亚文化,并进行对话交流,在此过程中给予积极引导和支持。

2. 强化逆向交流

需求是服务存在的价值,任何服务都是基于需求开展的,评价一项服务的好坏标准即是否满足客户的需求。信息化的高速发展,使得图书馆必须深入思考读者的需求,把长期以来积累的信息文化资源与读者对接起来,打破简单的图书馆借还图书的服务模式,向为读者提供智力支持和综合性文献信息资料的高级服务方式转化,通过逆向交流,发掘图书馆高层次的价值。

3. 改变单边式的交流方式

随着计算机技术的全面提升和互联网的普及,我国图书馆经历了几轮重大变革。首先是以计算机的全面使用为基础的信息化革新,主要包括图书馆管理系统的计算机化、以光盘为主的存储数据化;其次是以建立独立的门户网站为主要代表的图书馆信息查询公开化,逐步建立起了图书馆信息共享网络体系;最后是以数据为基础的图书馆数据存储全面提升,对外服务方式多样化。通过这几个阶段的发展,图书馆在存储和服务信息化方面有了很大的提升,但由于一些历史原因,图书馆服务在很大程度上还是带有以自我为中心的服务劣势,在信息共享和公共服务方面表现不是很突出。图书馆服务面向大众公开化、共享化是必然趋势,互联网时代更加速了这一进程,通过网络建立面向全世界的数字化图书馆。

二、信息文化是一种高科技文化

传统的图书馆要成为信息文化服务的主体,就需继续高科技化,全面采用并适应高科技带来的文化服务方式和内容。

(一)文献传递上——文献电子化

传统的纸质文本借阅很难突破地域限制,而且传递的成本高、风险大、损耗高。信息化时代,文献信息资源电子化,通过网络渠道,能够快速传递,实现文献信息资源的高效共享。

图书馆的服务由最初的手工服务发展到以技术为主的文献传递服务,这是社会发展的结果。许多国家通过图书之间的文献传递协议和共同的标准促进图书资源共享,如耗费100万英镑的欧共体图书馆计划中的馆际电子文献交换计划,该项计划的目标是要在英、法、德、荷四国的电子文献传递系统中,率先实施推荐标准。其他类似的试验如美国科罗拉多州丹佛城的科罗拉多研究图书馆联盟公司经由检索系统提供的电子文献传递服务,其包括了期刊论文索引、期刊目次报道、馆藏目录、期刊联合目录和文献传递,并集于一体,便于个人用户直接使用,不需要经过图书情报机构中介的代理,这种形式是期刊资料整理和服务的崭新模式。电子文献的传递节约了图书馆的经费,提高了文献信息的共享水平。

在国内,纸质书刊价格也不断上涨,图书馆的经费日趋紧张,图书馆开展电子文献传递也是必然趋势。通过学习和借鉴国外的技术和经验,在网络传输文献方面取得了很大进步。国内文献传递主要有两种方式:一是传统的文献传递方式。是通过纸质文献资料的借阅工作而开展的文献信息传递服务,这种方式主要针对来图书馆的读者,图书馆工作主要是纸质文献资料的收集、分类整理、传递,这是图书馆最基本的服务模式,但有一定的局限性:读者必须在馆内才能享受服务,有严格的时间和服务内容限定;所有工作必须手工,而且有很强的重复性,效率不高;有形资料的选择和采购需要花费较长时间,信息更新慢,读者不容易获取最新信息;这种服务方式有一定的封闭性,每一个图书馆由于地域、组织管理的不同,服务的类型和质量都会受到一定限制,很难完全发挥图书馆资源的效用;从另外一个度来说,这种模式又凸显了单个图书馆资源不足的问题,读者需求越来越多样化,单个图书馆的收藏不能满足其需求。

另外一种是数字图书馆的传递方式。数字图书馆是现代图书馆发展的新阶段,是对当前最先进技术全面运用的结果。首先数字图书馆的资源除了纸质有形文献,还包括各种无形的资源。所有能够承载知识信息的内容都被数字图书馆利用起来,为读者提供多样化的信息查询和获取方式。这些服务方式都是人与信息之间的交互的结合。数字图书馆的服务优势是资源数字化、特色化、共享化及传递网络化、服务社会化,且图书馆服务地点不分南北,接受服务者不分老幼贤愚,任何人在任何地方、任何时间都能接受到图书馆的服务。

(二)网络服务是人与信息、人与人交互的新方式

读者在数字图书馆中获取信息时,获取信息资源的方向显得更为重要,选择精确的信息查询方向决定了获取信息的效用,因而人们在信息获取的过程中需要通过专业人员或其他人员了解情况,或者咨询一些非文本信息,甚至需要工作人员指导读者才能获得信息。由此图书馆产生了新的服务功能——协作服务,不能再通过规范化的标准服务读者,而是需要通过个性化的智力资源服务读者,这是图书馆未来的发展方向。

德国的一部分研究者通过读者在网络上的行为,总结出图书馆协同服务的主要类型有:一是随时随地参考服务,图书馆提供信息咨询而且能够与用户一样,理解查询的内容;二是协作性信息开发,能够与用户一起参与到信息的查询和利用中,并且能够为用户提供一些建设性意见和建议;三是协作性信息创造,能够为图书馆或者信息中心创造信息并提供给他人使用;四是同步或异步交流,能够把一些有价值或有趣的议题提出来,与其他人或者专家进行同步或异步交流。这种协作服务模式需要一定的机制或者共同的兴趣爱好才能组织,而且还需要一些手段,不是任何图书馆都能匹配足够的专家学者资源。在美国,通过机器人服务,避免了将一些简单的问题抛给专家,只有复杂的、具有个性特征的问题才会反馈到专家,合理利用资源。

数字图书馆是在传统图书馆基础上的拓展和创新,其核心是在信息资源量、传递方式和利用环境上,这些是传统图书馆所无法达到的。一方面,数字图书馆像传统图书馆一样传递信息资源;另外一方面,提供了更多的传递载体和更便捷的交互环境,数字图书馆大大拓展了传统的资源存储量和服务范围,是对传统图书馆的一种创新。当然,传统图书馆的服务模式长期存在,二者并存,成为图书馆发展的一道独特风景线。

(三)服务网络化

通过前文的分析可以得知,图书馆网络化已经成为未来图书馆的发展趋势。一个图书馆的网络化程度是图书馆是否发展的基础条件,图书馆的开放程度决定了图书馆的未来。为读者提供无地域、时间和对象限制的全方位立体服务是网络时代图书馆追求的终极目标,当前的数字图书馆正好体现了这一趋势。拥有强大数据支持的数字图书馆,面向全社会提供文献信息服务,服务社会所有大众,使自己成为网络中的一个信息节点,成为特色信息中心,这也是网络化时代图书馆的自身定位。

(四)服务品牌化

每一个行业都有自己的品牌,品牌化的产品具有较高的竞争力,享有很好的社会声誉,在社会上有很好的知名度和认可度。程亚男女士认为,图书馆通过自身特色、特征或者馆藏,某一个产品或者优势服务,在图书馆业内形成了一种差别优势,这种优势就是品牌。

图书馆品牌服务是指一个或者多个图书馆在长期的读者服务过程中,经过长期积累形成并长期坚持的特色服务。用户欢迎这种特色服务,进而使图书馆的品牌服务成为图书馆的无形资产,其基础是高尚的职业道德、高超的技艺、高质量的服务,在市场上构建了图书馆的认同度、信誉度、知名度,提升了图书馆的附加值,图书馆经过多年的发展,现在非常重视图书馆的品牌化服务。

品牌意味着严格的管理和高标准的服务要求,这是吸引用户的关键点,也是当前图书馆能够生存和发展的关键。品牌服务意味着高附加值,必须满足用户的基本需求和心理期待,让其产生物超所值的感觉。通过归纳,我们认为品牌服务可以产生三个方面的效果:一是提升效果。通过品牌化服务建设,促进图书馆改进服务,提升服务品质和服务要求。二是示范效果。通过品牌化服务,带动图书馆馆员以最优的精神面貌提供最优服务,激发图书馆馆员创新动力。三是引领效果。通过品牌化服务,在图书馆行业内以及图书馆馆内,为图书馆发展指明了方向,为整个行业发展注入了活力。所以,用户的认可度和满意度,是决定图书馆未来的基本评价因素,必须以用户为中心,通过分析和组合自身资源,提供个性化服务,同时,通过现代化的手段和数据库,分析研究用户行为,改善服务体系,急用户所急,把优势资源利用发挥到极致,形成业内独特的品牌服务。

既然是品牌,那就具有很强的标识作用,图书馆通过一个品牌可以在用户心目中树立良好的服务形象,在社会中树立独一无二的信誉度,集聚一批忠实的读者。通过品牌,能够开展服务创新,把优势资源通过组合发挥出来,形成业界标杆。

那么,如何来评价品牌服务?首先,品牌服务必须按照图书馆行业的标准服务规范开展读者服务工作;其次,品牌服务不是图书馆的某一次或者某个人的行为,而是一个团体行为,是某个图书馆或者多个图书馆在长期工作中,所有人坚持的某项服务,并且是在与用户的互动中表现出来的;最后,品牌服务本身就是一种许诺,这种许诺一定要不折不扣地执行,并且超越了用户的期望值,使其产生意想不到的效果。

图书馆服务的品牌化,首先是按照业内都认可的标准来对读者开展服务。服务的过程就是一个宣传图书馆本身文化特色的过程。一个图书馆的服务是这个图书馆员工和规范的外在体现,是整个图书馆工作团队的价值观,是一种集体服务理念,体现了图书馆在长期的工作中所坚持积累下来的图书馆人文精神,反映图书馆员工的精神面貌和对工作的认识层次。图书馆的品牌服务的形成是一个团队长期共同努力的结果,而不是一个员工的某一次行动,或是某一段时间的行动。

这种品牌服务会随着时间的推移不断拓展,要求会不断提升。品牌服务的过程中,离不开图书馆的员工,也离不开读者,是在二者的相互作用中形成的。一个图书馆的员工精神面貌、日常工作细节、图书馆的服务规范执行、图书馆员工的及时高效服务等,只有得到了读者的认可,读者才会将这种认可传递给他人,从而得到更多人的认可,逐步形成一种品牌。现代通信高度发达,这种信息的传播变得更容易,一个细节、一次服务有可能通过读者的互动成为图书馆的标志。当然,品牌的背后,更多的是默默无闻的努力和坚持。

品牌服务一旦形成,意味着图书馆要付出更多,要不断地改进自己的工作,否则,品牌则可能就是明日黄花,成为一个图书馆无法企及的目标。

这和其他任何行业一样，品牌需要保持更新，才能有旺盛生命力。图书馆品牌服务意味着在满足读者的需求上，要下更多的工夫，要寻找更多的服务方式满足读者向图书馆提出的服务要求。首先是让读者感受到自己的需求得到了满足；其次是达到超越服务的一种"满意度"，一种舒适感。

当然，随着现代科学技术的发展，信息内容越来越多，读者也必须充分掌握利用现代信息技术工具为自己服务的技能，通过一些便捷、成本低的方式获取信息资源，合理利用图书馆资源，把图书馆的品牌服务用在"刀刃"上来促进自身知识进步和能力的提高。

三、高校信息文化传导机制

就制度来说，高等学校构建信息机制大致分为以下几种类型：一是教学工作信息。它包括所有与教学有关的信息，如关于教育教学的法规政策、新研究成果、在教学课程改革方面的新进展、其他院校值得借鉴的教学方法、用人单位对学生专业结构的要求、与教学日常工作相关的信息、教学管理工作信息等。二是科研工作信息。其包括：与科研内容相关的前沿进展、与科研项目有关的政策法规、科研经费的申报、科研项目的审核和评定、最新的科研成果和进展、兄弟院校的科研进展等方面的信息。三是图书和网络资源信息。图书馆是学校科研、教学与管理等工作的重要组成部分。随着网络技术的发展、普及，重要信息的来源中还包括了电子期刊、视频数据库和教学素材库等。四是招生和学生就业信息。包括国家的政策法规、用人单位对人才的需求量、用人单位对毕业生的要求、招聘信息的发布、对学生进行的就业指导、学生的毕业去向等方面的信息。五是行政工作信息。包括学校、各院系、各行政部门对工作的部署和计划、上传下达的指令、教职员工的招聘和配置、晋升和提拔等人事工作，关于新的政策法规、改革措施的传达、上报、执行等方面的信息。六是后勤工作信息。后勤工作内容繁杂，包括学校的食堂、宿舍、基础设施建设、设备采购和维护等一系列的后勤保障工作的信息。需要注意的是，学校后勤工作在市场经济条件下，已经不再是计划经济体制下的统一计划和管理，而是引入了市场经济机制，因此，增加了信息的随意性和灵活性。

七是学生工作信息。它包括学生会、学生社团的信息,学生活动的信息,学生思想教育工作的信息,学生心理健康方面的信息等。

信息机制有效运行的条件包括信息的真实性、全面性、时效性、针对性和信息管理制度。真实性是信息有效性的最基本条件,信息真实性的关键是要在传导过程中坚持诚实的态度,还要保证传导过程中的每个环节不要出现歧义。这就涉及传导过程中的"内部语言"和"外部语言"。在"内部语言"和"外部语言"的转换过程中,要对信息内涵是否准确传达给予关注,保证传达中不能传导不全的信息(减少了一部分内涵)、有歧义的信息(错误地理解内涵)或者多余信息(在转换过程中增加了新的信息)。

信息时效性的重要性。及时的信息会带来最大的效用,反之,过时的信息可能完全无用。所以,信息机制在建立时,要将重点放在多个层面上,保障信息的及时传达。信息的全面性,是指信息包含的各个方面要与决策需求有关。例如使用手机App获取图书馆的信息,也要包括学校教学、科研、管理以及出版商与其他学校的图书情报等部门的一系列信息。

高等学校中部门较多,有与教学相关的部门、行政职能部门、科研管理与研究部门等。不同的部门职能不同,所需要的信息也不同。而且,不同学科、不同类型的学校,所需信息的不同也受到科研与教学之间差异的影响。

规范的信息管理制度包括:第一,流程规范。一是信息主管部门的设置和完善。现代高等学校都有专门的信息中心,该信息中心作为信息管理机构,具有明确的职能。二是整个学校各个单位都参与到以信息为抓手的流程中,充分考虑信息传输的各个环节和各种应答,并制订相关的规定和计划,从而使信息传输按预先的规定或计划进行,并根据熟悉的信息传导的各方面程序进行。第二,责任规范。一是要加强教育,使信息队伍明确信息的重要性、准确性、时效性,树立信息工作队伍内人员的工作责任感。二是将责任落实到每一个工作岗位。三是从事信息工作的人员要优秀,建立终身学习机制,为工作人员提供学习培训的机会,尽量提高工作人员的业务素质。第三,处理好信息两个通道的关系。在信息传递中,纵向通道与横向通道分别担负着不同方面的任务,在通道关系上,要做到互相补充。同时,他们均有各自的优缺点,因此,管理时要采用不同的方法。纵向通道主要靠规范管理,横向通道主要靠其他调节措施来规范和完善。对于非正式通道,如网络上的灰色信息,包括论坛、博客、社团的交流信息等通道,是不能用于规范管理的,因此,需要对非正式通道进行监督与管理。

第四节　高校图书馆的艺术文化

一、高校图书馆建设的物质文化艺术

说到学校文化,人们的意识中自然地展现出学校的建筑、校园环境的布置,同时,也会想到学校长期凝练、积淀下来的校训、校风、教风、学风以及名师、名校友等。学校文化是物质财富和精神财富的总和,是学校在长期的办学过程中所创造的产物,是一种复合的整体,是知识、信仰、艺术等的综合。学校文化不仅具有社会控制和社会化功能,还具有激励和凝聚、熏陶和潜移默化、自律自省和约束、扩散和辐射的功能。因此,学校文化建设要从"物的部分"开始,而学校核心竞争力的形成主要来源于学校文化"物的部分"和"心的部分",是二者完美的结合。为保持和发展学校文化的竞争力,学校要建立独特的、长久的竞争优势,把握对学校文化结构需求的变化。

(一)图书馆装饰与园艺文化

图书馆装饰在此有两层含义,除了图书馆内的构图和装饰外,也指明装饰需要符合图书馆通风、采光、隔音等要求。

自然环境的美化不仅是技术,更是艺术。其注重审美意识,注意不同环境要素之间的协调性,通过大小、明暗、动静、曲直、聚散的对比,构建和谐美好的环境,给人带来愉悦和欣赏的情感。而图书馆内的装饰、通风、采光、隔音等物理因素所采取的措施,则更多的是营造阅读环境,满足读者的生理要求。对于自然环境的美化,自古以来,我国就有很高的要求和独到的理解。古代的藏书楼建筑多是顺应着周围自然环境而建造,如明

代所建的天一阁,建筑讲究,用料精细,构造精巧,庭院幽雅。

(二)园艺与绿化

英国城市规划理论家勒·柯布西埃提出城市住宅不能缺少的三要素,分别是阳光、空气、绿化,他认为"绿是人类生命的欢乐和希望,草是绿中最舒坦的,能够带给人安稳、闲适豁达的意境"。绿化是建筑群体环境的最根本要素。除了美化环境,绿化还能增强艺术效果,改善小气候,净化空气,降低噪声,调节气温,防风减沙,减少污染,能使人有接近大自然的意愿,陶冶人的性情。

图书馆外部环境绿化的设计和建设,往往通过一些点、线、面相结合的使用,让图书馆成为每个部分都相互融合的一个整体。

(三)图书馆园林

图书馆内除了绿化以外,建筑外部的空间也要充分地利用,可建造一个个大小不一、造型各异、风格独具的园林,从而为读者提供读书、休闲的优美环境。

第一,充分利用地形,结合地貌,精心保留每一座山、每一丛树木,都将其纳入建筑环境设计中去,使图书馆建筑与周围环境水乳交融,相得益彰,构成一幅立体画。

第二,利用水体来点缀环境。水体能够抑制尘埃蔓延、湿润空气、调节气温,而且水面可反衬出图书馆周围环境的幽静。

第三,巧用园林雕塑和园林小品。将雕塑、叠石、喷泉、水池与绿地、树林有机地结合,让雕塑与环境互为衬托,相映成趣,使环境具有自身独特的个性,又与整个图书馆建筑相协调,形成一个完美、和谐、优美的图书馆自然环境。

园林绿化很多人认为是一种多余,甚至是一种浪费,其实不然。优美的图书馆环境能够展现一个图书馆的整体形象,体现一种优美的外部氛围;而且读者在图书馆学习,身心疲劳之时,能够有青山绿水的陶冶,能够消除疲劳,产生清新舒适之感。园林绿化也成为吸引读者的一个重要方面,试想在一个处于闹市、又无任何绿化的建筑物中,阅读看书将是一件枯燥无味的事情。

二、图书馆布局

图书馆布局要从静态和动态两个方面来考虑空间的划分。在静态空间上,图书馆内可分为读者阅读活动、图书馆内部工作和办公空间三个部分;在动态空间上,存在三条相应的路线,即读者路线、文献流通路线和管理人员活动路线。

进行图书馆布局时,要理清并处理好静态的三个空间的相互关系和动态的三条路线的相互关系,这样也就抓住了关键,掌握了使用功能划分的核心。

(一)图书馆布局原则

图书馆布局的两项基本原则如下:

1.体现方便读者的原则

图书馆的布局是根据馆藏需要和读者的阅读习惯、阅读心理精心设计的。出发点是增强读者的方便性,使读者迅速地获得其想得到的服务,从而使图书馆的功能最大限度地发挥出来。现代图书馆多采用大空间布局,利用很大的空间开展图书的藏、借、阅工作,为读者提供便利和开发互动,拉近同读者的距离,体现图书馆的人文意识。

2.体现发展的原则

现代科学技术突飞猛进,这使得图书馆必须随时而变,不断调整,才能够适应社会发展的步伐,也才能满足读者日益发展的需求。体现在图书馆的空间上,就是布局的调整。传统图书馆阅览室占据着最大范围的空间,然而随着数字资源的增多,图书馆不得不开辟大的空间建立数字阅览室,而随着无线互联网技术的发展,图书馆无须提供大批量的上网阅读设备了,只需要提供便利快速的上网入口即可,传统的阅读空间再度与电子阅览空间融合,逐渐成为一体。

因此,图书馆布局不能一成不变,而要体现现代意识,体现发展的原则。

(二)图书馆布局发展

随着互联网的发展,图书馆在布局上也产生了一些变化,以往的图书馆采用方便查阅与阅读的布局,现在图书馆除了一些原有的布局,还会增加一些方便读者使用电子工具阅读和自我学习的设置,增加相应的插口和网络连接方式,同时每一个图书馆都配备了相应的电子阅览室。

图书馆布局通过门口明显的标识牌告知读者,或者通过图书馆手册为读者进入图书馆、利用图书馆提供最优指示和建议,方便读者以最短时间了解图书馆,利用图书馆。

三、图书馆视觉识别

图书馆视觉识别是图书馆理念的物化表达方式,是重要的形象识别方式。视觉识别涉及的范围包括了一系列视觉识别方法与手段,如标志、标准字、象征图形等。作为图书馆物化形象的识别手段,可以将视觉识别看作是图书馆自然环境的组成部分。

视觉是人感知外界、获取信息的主要渠道。据报道,人通过视觉获取的信息,占其接收的外界信息的比例高达83%。视觉标识应体现图书馆本身的特色,强调图书馆的核心服务特色或者理念,在图书馆的服务标志、指示标识、图书馆借阅证、工作证等元素上体现出来,凝练出能够代表图书馆的标识体系,使其成为一个个性鲜明的整体。

第三章 高校图书馆文化建设

第一节 精神文化塑造与建设

一、高校图书馆价值观塑造

现代社会因素复杂多变,使得人们往往不再把生活的价值目标和意义视作确定无疑的,快节奏的生活使得人们难以形成固定不变的价值观念,许多人失去对生活意义的坚定信念,怀疑主义、相对主义、非理性主义随之蔓延。然而,现代社会却又要求人们对自己的生活抱有明确的态度,做出明确的自我决定和选择。人们需要相对稳定的价值观念支撑,需要在变动不定的世界寻求到一个安定的精神家园。

高校图书馆既是师生科研与学习的公共场所,又是一个集物质、精神、制度和网络文化熏陶的场所,有其自身的文化影响力[①]。价值观不仅影响个人的行为,还影响着群体行为和整个组织行为。在同一客观条件下,对于同一个事物,由于人们的价值观不同,就会产生不同的行为。同一个规章制度,如果两个人的价值观相反,那么就会采取完全相反的行为来执行制度,将对组织目标的实现起着完全不同的作用。

因此在高校图书馆文化建设中,很多高校图书馆十分重视高校图书馆价值观的建设。他们认为,价值观的核心作用,远远高于技术、制度和组织结构等的作用。树立明确的价值观,赋予高校图书馆价值观以生命,

---

① 周秋菊,刘晓凤.图书馆文化视域下大学生隐性思想政治教育长效机制构建研究[J].怀化学院学报,2024(02):124—130.

是高校图书馆必须解决的首要问题。

高校图书馆的价值观包含丰富的内容：人才观、财富观、时间观、质量观、服务观、信誉观、效益观、审美观、利益观、文明观等。但是由于高校图书馆文化的建设属个体行为，每个高校图书馆都建立自己的价值观，这些价值观尽管大同小异，但其中也不乏一些地方主义、狭隘主义的价值观。如同人类需要一个核心价值体系一样，高校图书馆界也需要核心价值体系来统领高校图书馆的价值观。高校图书馆核心价值观是高校图书馆人所追求的事业和理想，目标与原则是高校图书馆职业的共同基石和最高使命。其确立有助于高校图书馆员克服信心危机并提高高校图书馆员的自信心，有助于树立职业信念，并给高校图书馆员带来思想行为的判断标准。高校图书馆事业有了共同的价值观念，才能使组织成员在思想上保持一致，明确前进的方向和努力的目标。

高校图书馆价值观可分为核心价值观和非核心价值观。核心价值观是有关高校图书馆生存的核心理念，而非核心价值观是指可以根据高校图书馆战略进行调整的理念。

(一)高校图书馆核心价值的确定原则

1.恒定性原则

核心价值是基本价值，要具有相对的恒定性。随着时代和环境的变迁，高校图书馆行业的次级价值、具体价值，乃至某些基本价值会有所变化和发展，但其核心价值应当是相对恒定的，始终保持在一个相对稳定的状态，高校图书馆核心价值的主体是高校图书馆职业，高校图书馆行业性质的稳定性也决定了高校图书馆核心价值的恒定，核心价值的改变意味着行业性质的改变。

2.独特性原则

高校图书馆核心价值是高校图书馆行业特有的价值内涵，是区别于其他组织或行业的标志，这一原则是高校图书馆核心价值确立的基本原则。这是因为高校图书馆服务之于社会是独特的，不能被其他机构替代，高校图书馆职能只会不断深化。

3. 统摄性原则

高校图书馆价值体系由高校图书馆领域多个价值所构成。这些价值在价值取向和价值精神上是一致的，可以相互说明、相互支持和相互补充。但各个价值在体系中所处的地位和所起的作用各不相同，核心价值应当是起主导作用的部分，对其他价值具有统摄性，是高校图书馆最高使命，在高校图书馆价值体系中居于主导和支配地位。

4. 理想性原则

高校图书馆核心价值是价值观，是高校图书馆人共同的职业理想，必须通过对历史和现实的抽象而提炼出来，因而应当是超越一定现实阶段的理想，这种理想状态，导致理论思想和现实实践之间的差距，而这种差距是推动实践向理想状态发展的动力。

(二)高校图书馆的核心价值观

原美国高校图书馆协会主席戈曼认为数字时代的高校图书馆核心价值是：读者可公平取用信息；保障读者之隐私；民主；多元性；教育及终身学习；维护知识自由；公共资产；保存资源；馆员的专业性；服务民众；负有社会责任。

法明顿社区高校图书馆董事会 2004 年会议宣布采纳 ALA 的核心价值声明，同时宣称高校图书馆员和信息专家应共同拥有下列价值观：连接人与思想；确保自由开放地获取已记录知识、信息及创作品；对文化和学习承担义务；尊重个性和所有人的差异性；让所有人自由地形成、保持和表达自己的信仰；保留人类记录；优化我们社区的专业性服务；构造推动这些价值观的同盟军。

(三)高校图书馆价值观的塑造

价值观是高校图书馆及全体员工共同拥有的指导高校图书馆工作的群体意识，在高校图书馆文化体系中处于核心地位，对于增强高校图书馆的凝聚力和竞争力至关重要，是高校图书馆活动的行动准则和指导思想。价值观念在精神文化引导人类文化心理机制中起核心作用，也正因为如此，当社会变革带来社会价值观念的嬗变时，所引起的社会和心理震荡也是巨大的,价值体系在社会文化中的核心地位主要表现在它为社会行为导向的作用。

1. 确立科学的价值观

任何高校图书馆无论是处在创业阶段,还是处在发展阶段或成熟阶段,都存在一个确定、调整价值观的问题。高校图书馆要根据它的性质、类型、社会职能、服务宗旨、奋斗目标等,确立科学、正确、与时俱进的价值观。高校图书馆价值观的确定既要考虑其存在基础和客观依据,又要考虑员工的心理承受能力,保持适度的超前性。不同高校图书馆的价值观可能不尽相同,但必须以高校图书馆核心价值观为基础。

2. 对价值观进行倡导和宣传

在高校图书馆中,可以根据员工对价值观的态度将他们分为四种类型:遵守所有高校图书馆价值观的,是忠诚度最高的员工;只遵守高校图书馆核心价值观,而拒绝遵守那些不适合自己的非核心价值观的,是具有较强创新意识的员工;只接受非核心价值观,却不遵守核心价值观的,是"颠覆性的叛逆"状态的员工;而对价值观都排斥的人,是完全与高校图书馆处于对抗状态的员工。

对这四种员工高校图书馆应采用不同的价值观渗透的方法。对忠诚度高的员工,高校图书馆价值观已经作为一种稳定因素对其行为起指导和控制作用,因此要将他们树立为高校图书馆的榜样,号召全馆人员学习他们对价值观的态度。对创新意识强的员工,要想让他们从心理上接受、认同并内化那些非核心价值观,绝不能采用简单的灌输法,只能通过领导层不断地宣传,充分发挥高校图书馆忠诚员工的示范和表率作用,让他们热爱高校图书馆事业,这样在保持了他们的创新意识的同时,也让他们接受了高校图书馆的一些非核心价值观,他们会成为新时代高校图书馆文化建设的新生力量。高校图书馆的那些"颠覆性的叛逆"状态的员工,他们不接受高校图书馆的核心价值观,是因为对高校图书馆事业没信心,应该通过宣传高校图书馆事业的成就引导他们的价值取向,使他们热爱高校图书馆事业,从而愿意接受高校图书馆的核心价值观。而对于与高校图书馆完全对立的员工，要通过具体的、生动的活动来强化他们的价值观，高校图书馆可以组织丰富多彩的文体活动来宣扬高校图书馆价值观，不接受所有的价值观，说明他们排斥一切说到的理论，只有在轻松的活动中来加深他们对高校图书馆价值观的认识、理解和印象。

二、高校图书馆精神培育

高校图书馆精神是高校图书馆文化的灵魂和支柱，高校图书馆精神能将高校图书馆各方面的力量集中到高校图书馆的发展目标上来，有利于增强高校图书馆员工的凝聚力和向心力。关于高校图书馆精神的种类，在概述里已有涉及，建设部分主要论述高校图书馆精神的培育。高校图书馆精神一般要经历三个阶段，即高校图书馆精神的确认阶段、倡导阶段和深化阶段。确认阶段的任务是明确它的名称、内涵及其外延。

对一个高校图书馆精神的确认，应在馆领导倡导下，采用上下结合、反复筛选概括的办法，经过反复征求意见，用简洁、感染力强、催人奋进的文字把高校图书馆精神表达出来。倡导阶段的任务是广泛宣传高校图书馆精神，使员工在思想上了解它，认识它，在行动上实践它。高校图书馆精神取决于高校图书馆价值观，是高校图书馆价值观的个性张扬，能够把抽象的价值观诠释、演绎为一种具体的信念，对增强高校图书馆的向心力和凝聚力，将高校图书馆各方面的力量集中到中心工作目标上来，起到重要的引导和激励作用。高校图书馆精神能够规范高校图书馆人员的具体行为，使其在实际的服务工作中达成共识，提高为读者服务的效果和效率。这种导向和规范作用，既通过规章制度、工作标准和工作目标等硬性管理手段加以实现，也通过群体氛围、传统习惯和舆论引导来实现。因此，高校图书馆要利用各种形式、各种活动来宣传、推广、倡导高校图书馆精神，通过领导示范和树立典型来鼓动、导向员工实践高校图书馆精神。

深化阶段的任务是将高校图书馆精神人格化、具体化，并转化为员工的个体意识。高校图书馆精神的导向和规范作用在制约人的行为时具有深厚的感情色彩，对符合高校图书馆精神的好的行为，人们表示支持和赞扬,而对那些违背高校图书馆精神的劣行则表示反对和厌恶。高校图书馆担负着信息服务和信息资源建设的任务,这项任务完成得好与坏在很大程度上取决于馆内是否具有齐心协力、上下团结一致的精神,而这种精神类似于一种理性的黏合剂,它把馆内员工固定在同一信念目标上,沟通所有工作人员的思想,创造一个共同协作的氛围,把馆内各种力量汇聚到一个共同的方向,使高校图书馆整体产生强大的前进动力,最终使高校图书馆精神得以弘扬。因此在这一阶段,弘扬和实践高校图书馆精神将不再是员工的被动、应付行为,而是员工的主动、自觉行为。

三、高校图书馆道德建设

高校图书馆要实现工作人员的行为和馆内所倡导的价值观和高校图书馆精神的统一,必须坚持道德高标准,即崇尚高尚道德,只有通过高校图书馆的道德建设,才能使高校图书馆制订的行为规范和规则,标准化为馆内工作人员的自觉行为,从而变成工作人员的无意识或潜意识行为,高校图书馆的价值观才能得以贯彻,高校图书馆精神才能得以弘扬。

高校图书馆道德中最重要的组成部分就是高校图书馆职业道德,很多研究者把高校图书馆道德等同于高校图书馆职业道德。高校图书馆职业道德是指高校图书馆、职工、读者以及周围社会环境之间相互关系的各种行为准则和规范的总和,包括职业责任、职业使命、职业良心、职业纪律、职业行为、职业荣誉等,它是围绕高校图书馆开展业务的全过程而生成、发展起来的通过舆论和教育等方式影响高校图书馆员工的心理和意识,不带有强制性,且不以成文的形式出现,使高校图书馆员工形成信念等,使之成为约束高校图书馆及其员工行为的原则和规范。它是高校图书馆规章制度的有效补充,与制度相辅相成,共同实现高校图书馆文化的约束功能。

高校图书馆员工的职业道德状况、职业道德修养程度,直接关系到高校图书馆员工为社会服务的质量和水平。中国高校图书馆学会六届四次理事会通过了《中国高校图书馆职业道德准则》,其中体现了以下几种特有的文化现象：当前我国高校图书馆界还没有普遍形成强烈的职业意识，实践界普遍的现象是没有像商业界一样真正做到"读者第一，服务至上"，高校图书馆界的合作精神不强烈，造成信息不对称，形成相对的人力、物力资源浪费，业界对道德规范的理解也仅限于伦理层面，还应当包括业务和专业素养。但高校图书馆员工已经会用法治观念来约束自己，如维护读者的正当权益，保守高校图书馆所拥有的读者信息、尊重知识产权等，"与时俱进"的文化思维也渐渐起到支配性作用。在长期的实践中，高校图书馆总结出职业道德的具体内涵，包括对文献爱护备至，积极利用；对读者满腔热忱，千方百计；对同事严于律己，顾全大局；对外部精诚合作，公平竞争等。很多高校图书馆为了使这些职业道德成为每个成员的一种自觉和一种本能，采取了许多有力的措施。比如管理者通过各种方法反复强调和宣讲，将服务用语、服务礼仪编成"馆操"，使每个成员将道德准则化为一种自觉行为等。高校图书馆成员只有自觉地履行高校图书馆的准则和规范，其行为和高校图书馆价值观念才会真正统一起来。

第二节　制度文化建设

高校图书馆的制度是高校图书馆及馆员共同的行为规范，也是高校图书馆维护正常工作秩序，营造一种激励高校图书馆员积极向上、主动敬业的文化氛围，以凝聚馆员的力量、实现高校图书馆目标为基本手段，它既是高校图书馆的价值观、道德规范、经营哲学的反映，也是高校图书馆管理科学化的体现。它对馆员和读者价值观念、行为准则的形成，起着十分重要的作用，对每个馆员和读者都具有习德、励志、笃行的约束作用，从而使人们在高校图书馆良好制度文化的约束下，逐步养成良好的心理意识和行为习惯。众所周知，好的制度可以提高高校图书馆的服务水平和管理效力，增强高校图书馆服务能力和生存能力。综观一些拥有优势的高校图书馆，它们在制度实施方面都具有共同特点，即其内部管理制度及其所含的规范、规则等管理制度实施较其他高校图书馆成功，而且在创新优化过程中,不断提高规范性管理制度实施效果,保持和增强科学、高效的高校图书馆管理制度体系的运转效能。

目前,人们的道德文化水平和自律境界需要一定的制度管理环境,高校图书馆要做到以读者为导向,馆员所有的活动必须围绕读者的需求展开,要实现这一点,除了在高校图书馆文化精神层面引导外,就必须依靠制度对馆员行为进行指导,对一些行为进行约束,使制度融入高校图书馆全部服务过程,让每个馆员在强有力制度的约束下,遵守自己的职业道德和社会公德,规范自己的一言一行。以方便化的理念引导服务,以多样化的方式灵活服务,以人性化的便利诠释服务,以读者满意度检测服务效果,这些都必须有相应的制度作为保障,如果没有规范性的管理制度,高校图书馆就不可能实现其发展战略。总的来说,要以人为本,以方便读者、引导读者,按照以读者为中心的原则来改革和建设适合时代要求和读者需求的有关制度,不断提高高校图书馆文化建设水平。

职业资格制度,也叫职业资格准入制度,是指各行业按照国家或行业指定的职业技能标准或任职资格条件,通过政府认定的考核鉴定机构,对劳动者的技能水平或职业资格进行客观公正、科学规范的评价和鉴定,对合格者授予相应的资格证书,成为劳动者进入该领域的必备条件的一种制度。也就是说,职业资格制度就是人们关于哪些人具备在某些特定行业从事职业活动的条件约定,是从业、执业的"第二证书"。我国现阶段实行持证上岗的职业有会计、护士、律师、建筑工程师等行业。高校图书馆职业资格制度是指"按照国家或高校图书馆协会制定的职业技能标准和任职资格条件,通过政府主管部门认定的考核机构,对高校图书馆从业者的技能水平和任职资格条件进行考核和鉴定,对考核合格者授予相应的证书"。这种制度应该属于高校图书馆中观制度之一。

高校图书馆职业的使命是高校图书馆所承担的历史责任和义务,与职业意识同时产生的,如果意识到高校图书馆是一种职业,那么就会很清楚地意识到高校图书馆促进人类知识交流和利用的社会分工。现代高校图书馆的职业使命可以大致分为三类:科学使命、人文使命和民主使命。

其具体内容如下。

一、科学使命

高校图书馆职业所承担的科学使命是科学发展轨迹中高校图书馆职业应该发挥的作用及其所处地位,包括现代高校图书馆继承传统高校图书馆保存文献和科学知识使命、支持现代科学技术研究及学术信息资源交流(尤其是高校图书馆和科学、专业高校图书馆)、实施终身教育等方面。

二、人文使命

高校图书馆职业所承担的人文使命是,要保证任何人在任何时候都有权利在人类共同的知识海洋中自由遨游。具体说来,高校图书馆职业首先保证所有的读者,尤其是社会的弱势群体能够阅读高校图书馆的馆藏文献,然后高校图书馆职业有义务和责任推动公平信息社会和知识社会的建立和维护。

要完成高校图书馆的职业使命,必须建立高校图书馆职业资格制度,现代高校图书馆管理"以人为本","以人为本"应当注重高校图书馆员的职业生涯规划,而将高校图书馆职业资格制度化,可以提高高校图书馆从业人员素质、提高高校图书馆从业人员的社会地位、强化行业的荣誉感和职业精神,使高校图书馆员更好地完成高校图书馆职业使命。在高校图书馆职业资格制度建设中,要注意以下几个方面的问题。

(一)体现"以人为本"的管理理念

高校图书馆职业资格制度出台的前提是必须意识到高校图书馆工作人员的素质高低事关高校图书馆服务的质量,事关高校图书馆发展大计。"人"在高校图书馆职业中扮演核心角色,只有提高职业准入门槛,才是对高校图书馆各类权益人,尤其是上级机构如政府、学校等负责任的表现。政府出钱兴办高校图书馆的目的是满足人民日益增长的信息需求,没有高素质的人才,就不能满足高校图书馆读者对信息、知识、尊严等方面的需求。高校图书馆的"以人为本"管理包含两个方面的含义,即以高校图书馆馆员的职业发展为本、以满足读者的信息需求为本。这两种含义都在高校图书馆职业资格制度建立以后迎刃而解。

提高职业准入条件,可以保障高校图书馆员的基本素质,而对高校图书馆员进行职业评价,则能增强高校图书馆员的竞争意识,促使其不断学习,提高自身素养。

(二)体现高校图书馆法治理念

我国《劳动法》和《职业教育法》等法律法规都明确规定了实施职业资格制度的相关情况,高校图书馆作为一种职业,应当遵循这些法律法规。高校图书馆职业资格制度的提出充分显示了高校图书馆职业遵循相关法律、保障职业权利、承担相关法律义务的决心和努力。

高校图书馆职业资格制度和职业道德规范同属高校图书馆行业制度,是高校图书馆的中观制度,体现了高校图书馆员用法治观念来约束自己,维护读者的正当权益,保守高校图书馆所拥有的读者信息,尊重知识产权,加强业务和专业素养,为读者提供高质量的信息服务,促进高校图书馆事业健康发展的文化管理理念。

第三节 管理文化建设

具有不同高校图书馆文化的高校图书馆,在管理上会采取不同的原则和方法,或者特殊地强调与突出一定的原则、要求和方法,从而使管理表现出不同的特色来,高校图书馆管理特色最能直接、全面地反映一个高校图书馆的个性和特殊性。通过把握高校图书馆管理特色,既可以把握高校图书馆风格,还可以进一步把握高校图书馆文化的个性特征。高校图书馆文化的功能影响和作用于高校图书馆管理是全面的、深刻的,而影响和作用的对象首先是人,即会影响高校图书馆人对高校图书馆的发展战略的确定,对高校图书馆使命和高校图书馆目标的理解。因此,高校图书馆管理文化建设应从以下方面着手。

一、高校图书馆发展战略制定与实施

高校图书馆发展战略是关于高校图书馆长远发展的纲领,是高校图书馆基于自身状况和对未来环境变化的分析而制订的有长远目标的对策。其目的是创造高校图书馆的未来。高校图书馆发展战略研究的核心内容是高校图书馆存在的目的、基本使命以及主要目标等根本性问题。而这些也正是高校图书馆文化研究的核心内容,在新世纪信息化社会中适应良好的高校图书馆,都首先处理好了高校图书馆文化与高校图书馆发展战略的关系。一方面,高校图书馆发展战略的选择必须以现有的高校图书馆文化为基础,高校图书馆文化从宏观的角度描述了高校图书馆员有什么样的价值观,高校图书馆员的社会责任是什么,组织的行为规范是什么,对员工、对读者、对社会的基本态度是什么等,这些为高校图书馆制订发展战略和实施战略,提供了思想方法和行为方法。另一方面,高校图书馆文化需要以高校图书馆发展战略为指导:根据高校图书馆发展战略的要求,树立高校图书馆精神或重塑、调整与健全高校图书馆精神,确立新观念、新意识,调整高校图书馆的价值观体系,继而影响高校图书馆文化中的行为文化。

(一)高校图书馆文化建设对高校图书馆发展战略的影响

在高校图书馆发展战略实施过程中,高校图书馆文化建设起着重要的作用。它既可以成为发展战略的推动因素,又可以对发展战略的执行起负面的抵触作用。首先,高校图书馆文化建设为高校图书馆发展战略提供成功的动力。高校图书馆文化表现为高校图书馆成员共同的价值观,容易形成高校图书馆人的共同愿景,高校图书馆人的共同愿景就是高校图书馆的发展战略。有了共同愿景,高校图书馆人就有了奋斗目标,为了共同的目标,大家团结一致,形成一个凝聚力很强的团队,为高校图书馆在信息化社会的立足奠定了人的基础,提供了发展的原动力。其次,高校图书馆文化建设是高校图书馆发展战略实施的关键。高校图书馆文化具有激励功能,能激发员工的工作热情,统一全体馆员的思想意识,从而使发展战略得到有效的贯彻和执行。高校图书馆管理中最重要的是对人的管理,这是传统高校图书馆向现代高校图书馆过渡的主要标志——从"书文化"转化为"以人为本"的文化。发展战略实施的过程客观要求一个高效的人力资源管理。而现代高校图书馆"以人为本"的高校图书馆文化给予了员工一个共同的价值观,使员工之间易于形成协同工作的内在动力,从而有助于整个高校图书馆发展战略的贯彻与实施。再次,高校图书馆文化建设会适应和协调高校图书馆发展战略。高校图书馆文化和高校图书馆发展战略有共同关注和研究的内容,因此高校图书馆新的发展战略要求原有高校图书馆文化的配合与协调,但是由于高校图书馆组织中的原有文化具有相对的滞后性,很难马上对高校图书馆新发展战略做出积极的反应,因此高校图书馆内部的新旧文化必须相互协调,相互适应,为高校图书馆发展战略获得成功提供保证。高校图书馆在实施新的适应时代发展的战略时,可以根据管理和服务的需要,建立独特的"部落文化",即部门文化,使服务具有一定的自主性和灵活性。

(二)高校图书馆使命的确立

高校图书馆文化建设对高校图书馆发展战略的影响,突出在高校图书馆使命和高校图书馆目标上,正确地界定高校图书馆所承担的使命和确定高校图书馆的发展战略,是处理好高校图书馆文化建设与高校图书馆发展战略的重点和关键。使命有时又称为任务陈述、纲领陈述、目的陈述、宗旨陈述、信念陈述、经营原则陈述、远景陈述等,尽管提法不同,但都是表明组织存在的理由,回答"组织的业务是什么"这一关键问题。高校图书馆使命是一个高校图书馆区别于其他类似高校图书馆的长期适用的对高校图书馆目标的叙述,揭示高校图书馆要想成为什么样的组织和要服务于哪些用户,提供何种服务这样的愿景内容。传统的高校图书馆使命往往是以辅助特权阶层、保存文献、支持学术研究等为主。自19世纪中叶图书馆事业在英国兴起之后,高校图书馆进入现代化阶段,高校图书馆使命开始充满现代的气息。

每个组织客观上都应该有一个特别的不同于其他组织的存在理由。

清楚表达出这种特别的理由,对于组织战略管理过程来说至关重要,它能为组织资源分配提供基础与准则,从而对组织内部各种相互冲突的目标起到一定的缓解与协调作用,能为组织内部成员了解组织目标与方向提供机会,从而有助于在组织内部树立起团结奋发精神,将组织的业务宗旨转化为具体的行动目标,将战略任务落实到每一位员工。

高校图书馆使命定义可以帮助明确高校图书馆发展方向和核心业务,弄清高校图书馆目前是一个什么性质的组织,将来希望成为一个怎样的组织,以及如何才能体现出不同于其他组织的显著特征,从而为高校图书馆资源配置、目标开发以及其他服务活动的管理提供依据,以保证整个高校图书馆在重大战略决策上做到思想统一、步调一致,充分发挥各方面力量的协同作用,提高高校图书馆整体的运行效率。从另一方面讲,高校图书馆的使命就是高校图书馆这个社会分工所承担的历史责任和义务,是与高校图书馆职业意识同时产生的,因为如果意识到高校图书馆是一种职业,那么我们肯定会很清楚地意识到高校图书馆是促进人类知识交流和利用的社会分工部门。定义高校图书馆使命就是阐明高校图书馆的根本性质与存在的目的或理由,说明高校图书馆的性质和服务策略,为高校图书馆目标的确立与发展战略的制订提供依据。

高校图书馆使命主要是通过高校图书馆哲学的形式来明确方向、树立形象、提供激励、指导高校图书馆运行的,这意味着,一个有效的高校图书馆使命表达必须做到在语义上的足够清楚准确,能为整个组织及社会所广泛理解和接受,有助于激发整个组织中员工的积极进取精神,创造充满活力的高校图书馆文化氛围,使人觉得在这样的高校图书馆环境中工作、吸取知识,一定能够获得成功,并愿意行动起来,为实现高校图书馆的目标而努力奋斗。

高校图书馆使命的确立是建立在高校图书馆战略管理者对于内外部环境、未来发展趋势进行前瞻性分析的基础之上。这必然会受到高校图书馆战略管理者个人主观价值判断的影响,高校图书馆战略管理者会考虑到各个相关者的利益——不同类型的读者与潜读者,不同层次的员工等,可能会对高校图书馆的发展方向和核心业务抱有不同的期望和看法,例如,对高层次的研究型读者,高校图书馆首先承担的是科学使命,而对大众读者,战略管理者首先会保障其民主权利,而对于馆内各个工作人员来说,他们关心的是他们是否受到人文关怀,他们的工作能不能得到领导和读者的认可等。这样他们就有可能会在高校图书馆使命与目标的认识上产生意见分歧与矛盾冲突。

(三)高校图书馆目标的确立

高校图书馆目标是高校图书馆在一定时期内,依据高校图书馆使命,考虑到高校图书馆的内外环境和可能,沿其发展方向所要预期达到的理想成果,即高校图书馆的共同愿景。高校图书馆使命从总体上描述了高校图书馆的发展方向和服务范围,为指导高校图书馆开展各项业务活动提供了一个共同的主线。高校图书馆目标进一步对高校图书馆使命起具体化和明确化的作用,将抽象的概念分解成可实现的行动目标。战略目标提供战略方案选择的依据,高校图书馆发展战略最终是达成高校图书馆战略目标而进行的规划。高校图书馆目标是高校图书馆管理活动的出发点和归宿点,因此它在管理中占有重要地位,能够发挥重要作用。

高校图书馆目标除引领高校图书馆发展战略外,还具有以下作用。

1. 导向作用

能够为管理工作指明方向。由于管理是为了达到一定的目标而协调集体活动所做出的努力过程,如果不为达到一定的目标,就无须进行管理。目标不但规定预期结果,而且规定要想达到这一预期结果的措施,因此在管理中目标既对人们总的努力方向起导向作用,又对人们的具体管理活动起明确方向的作用。

2. 激励作用

目标对于高校图书馆员工具有激励作用。每个人都有成就感的需要,希望不断获得成功,而成功的标志就是达到预期的目标。目标的激励作用主要表现在三个方面。首先,在目标确定后,由于它能使人明确方向,看到前景,因而能起到鼓舞人心、振奋精神、激发斗志的作用;其次,在目标执行过程中,由于目标的制订都具有一定的超前性和挑战性,在实际工作中必须通过一定的努力才能达到,因而有利于激发人们潜在的积极性和创造性;再次,在目标实现以后,由于人们的愿望和追求得到了实现,同时也看到了自己的预期结果和工作成绩,因而在心理上会产生一种成就感和满足感,这样就会激励人们以更大的热情和信心去承担新的任务,达到新的目标。要使高校图书馆目标对员工具有激励作用,目标首先要符合高校图书馆员工的需要,还要具有超前性和挑战性。

3. 凝聚作用

高校图书馆是一个社会文化系统,依靠目标使全体成员团结起来,高校图书馆的凝聚力受到多种因素的影响,其中一个主要因素就是高校图书馆目标。高校图书馆活动是一种共同的社会劳动,共同劳动就必然要有共同的目标,否则就难以形成共同协作的意愿和团结奋斗的集体。特别是在高校图书馆目标充分体现或变成高校图书馆成员的共同利益和共同追求时,就能大大地激发全体成员的工作热情、献身精神和创造力。

4. 评价作用

即为高校图书馆活动提供考核标准。目标不仅是各项管理工作的依据,而且也是评价各项管理工作成绩大小、质量高低的尺度。由于目标本身是可以考核的,而且目标又是可以分解的,因此可据此对主管人员和员工的目标完成情况进行考核。高校图书馆目标是高校图书馆观念形态的文化,具有对高校图书馆的全部管理活动和各种服务行为的导向作用。每一个高校图书馆为了自己存在的目的和所要完成的任务,都会制订相应的目标,确定高校图书馆的使命和宗旨,激发员工动力,集中意志向目标前进。

高校图书馆的实践活动,必须先在其制定的目标要求下实施驱动,比如高校图书馆的形象战略就是一种高校图书馆目标战略,是高校图书馆哲学和价值观的集中体现,可以使高校图书馆随条件和环境的变化而变化,合理调整高校图书馆的整体目标,统筹高校图书馆的运作与服务,使高校图书馆在信息化社会立于不败之地。因追求的目的不同,高校图书馆目标有各种类型。按内容划分,可分为总目标、分目标;按时间划分,可分为长期目标、中期目标和短期目标;按范围划分,有个人目标、部门目标和高校图书馆整体目标等。高校图书馆目标反映着高校图书馆从现在开始到未来某个时间点的大致战略走向和主要预期成效,给人以鼓舞和信心。管理者一旦把高校图书馆目标传达给高校图书馆员工,便成了高校图书馆人共同的目标,促使高校图书馆人相互配合、形成人际关系的向心力。确定高校图书馆目标必须从总体上体现高校图书馆的经营战略和服务内容,要有一定的超前性和竞争性,要处理好社会效益和高校图书馆效益的关系。考虑到高校图书馆目标的复杂性、动态性、现实性和可实现性来制订和贯彻高校图书馆目标,争取高校图书馆目标达到最优。

(四)高校图书馆发展战略的实施

一旦建立起高校图书馆的正确使命,确定了高校图书馆的短期、中期和长期目标,高校图书馆的发展战略也就得以确立,高校图书馆文化建设的最终目标是实施这些高瞻远瞩的发展战略。以读者为导向的高校图书馆战略管理能否成功的关键在于如何发挥组织变革从而取得成功,这取决于是否具有主动变革能力的高校图书馆组织,也取决于高校图书馆馆员能否在高校图书馆事业的前景问题上达成一致,最好的方式就是规划共同愿景。

高校图书馆的共同愿景是告诉高校图书馆的每一名馆员,"高校图书馆将成为什么"的前景,它与战略目标相似,却又不同于战略目标。对于高校图书馆成员来说,战略目标是全局的、长远性的,高校图书馆的发展战略是以高校图书馆全局为对象,根据高校图书馆总体发展的需要而制订的,它规定的是高校图书馆的总体行为,所追求的是高校图书馆的总体效果,而且是高校图书馆谋求长远发展,对未来较长时间内如何生存和发展的通盘筹划。而共同愿景明确告诉成员什么时间能达成什么具体目标。

所有高校图书馆都有自己的发展战略,这些发展战略有非正式的、不成形的、随机的,也有正式的。高校图书馆的共同愿景如其定义所指,是令所有成员所期望的、能让大家主动接收并为之奋斗的可以达成的战略目标。共同愿景是高校图书馆的灵魂和动力之源,员工认同高校图书馆的愿景,并将其与自身的人生规划合理地结合起来,这是高校图书馆文化建设的内在要求之一,也是员工关系管理的起点。没有共同的愿景,缺乏共同的信念,就没有内在的动力;不与人生规划合理地结合起来,个人就会缺乏奋斗的目标和现实动力。通过确立共同的愿景,牵引成员通过组织目标的实现,进而实现个体的目标,这是一个群体利益和个人目标实现双赢的过程。认同高校图书馆共同愿景的核心是认同高校图书馆的价值观。共同的价值观能够保障员工在行动中的一致性,并根据好恶做出有利的选择,是保障群体的凝聚性、向心力的基础。

随着社会的不断发展与进步,高校图书馆以与时俱进的理念来不断地审视自己,提出了把高校图书馆建设成"世界级城市高校图书馆"的共同愿景。这个共同愿景建立起了全体馆员共同为之奋斗的事业目标,它激发馆员的热情、干劲,增强馆员的责任心,形成高校图书馆的凝聚力和向心力,为上海市高校图书馆的生存和发展提供了长久的动力。

二、高校图书馆管理模式创新

加强高校图书馆管理,以管理促发展,以管理出效益,以管理出水平,是高校图书馆在信息化时代的内在需求,更是高校图书馆文化被提出和重视的新使命。进入 21 世纪,各国都陆续进入了信息化社会和知识经济时代,信息化社会最主要的标志就是知识管理在各行各业的应用,而知识经济时代,国家之间的竞争不再依赖土地、资源、人口、财富等因素,知识的产生、传播、积累、运用和创新将成为最有力的竞争因素。知识与文化是密切相连的,如果没有相应的支持知识管理的文化调整,任何旨在创造、传递和应用知识的活动均无法取得成功。

(一)改革创新

管理上的改革创新对一个高校图书馆来说尤为重要,它不仅为高校图书馆服务和技术创新提供良好的运行机制和生存环境,还能有效地规范高校图书馆的各种制度和标准,为高校图书馆发展创造良好的内部环境。把韦尔奇的管理模式与高校图书馆管理结合起来,并深入高校图书馆管理实践中,对高校图书馆管理实行改革创新,是新世纪高校图书馆管理的一个新思路。

作为服务业的高校图书馆,虽然不同于企业,但它在很大程度上依赖于人的能动性、服务过程与服务质量。在信息技术飞速发展的当今社会,要有效地把握高校图书馆的服务质量和工作效率,使它充满活力。随着全球各国的信息化社会进程,我国也不可避免地步入信息化社会。在信息化社会,高校图书馆面临着空前的竞争:计算机网络和电子通信技术的发展模糊了行业的概念,各种信息咨询公司、网络内容提供商等介入,对高校图书馆构成了很大的威胁,使信息市场竞争格局发生了重大的变化。同时计算机网络技术的发展,使得信息的传递速度超乎寻常。由于网络信息流动性极强,资源的可获得性增强,其差异性在缩小,高校图书馆原有的资源优势也在削弱。另外,网络自身开放性、分布式的特点,既决定了用户地域分布的广泛性,又决定了用户群体性质的多样性,这些均直接导致处在不断变化之中的用户需求也始终是个性化、多样性的。而面对用户需求的繁杂、多样以及如此不稳定且难以预料的竞争格局,高校图书馆必须学会自如地应对这种变数。为了有效地应对全球一体化的竞争格局,全球化思维和与国际接轨已成为我国高校图书馆势在必行的举措。高校图书馆的管理模式、馆内服务的运作机制如何与国际接轨,尽早实现国际上的资源共享等,是当代高校图书馆面临的巨大挑战。

(二)优化机制

高校图书馆文化建设对高校图书馆管理的促进不只是一方面,也不可能在一个专业领域孤立地进行,往往是牵一发而动全身的,对整个高校图书馆的管理机制也会产生影响。近年来专家提出的高校图书馆联盟就是一个很好的例证。

环境是组织生存的土壤。任何组织都是在一定环境中运作的,环境的特点及变化必然会对其组织结构及运作模式产生一定影响。而组织结构是高校图书馆运作管理各环节发挥正常作用的载体。合理的组织结构将为高校图书馆实现既定的目标提供与建立有效运作的平台。高校图书馆联盟战略的提出是高校图书馆组织结构创新性的发展,高校图书馆只有构成联盟,通过合作的方式,才能规避单一高校图书馆资源的不足,避免过度的竞争,与合作伙伴共享资源,优势互补,从而达到有效增强自身的竞争实力,在竞争中求得持续发展的目的。高校图书馆联盟是指为了实现资源共享、利益互惠目的而组织起来的,以若干高校图书馆为主体,联合相关的信息资源系统,根据共同认定的协议和合同,按照统一的技术标准和工作程序,通过一定的信息传递结构,执行一项或多项合作项目的联合体。高校图书馆联盟是在现有异构高校图书馆基础上,基于互联网形成的一个跨地域分布的网络化的虚拟组织。作为虚拟组织,因其承担实体的功能,因此它可以实现地域乃至全国现有高校图书馆资源共享。由于高校图书馆联盟的成员是相对独立和自治的实体,其固有的隶属关系不变,联盟成员之间的关系是平等、松散、契约式的,联盟的实际运作是通过相应的规范和协议来控制和协调的,成员在联盟范围内协调合作,通过对外部资源的有效集成和整合,来达到项目的快速实现。同时,高校图书馆联盟的组织结构具有动态、开放的特点,联盟成员自身具有绝对的独立性和自主性,这种动态的有自适应能力的随机组合的组织,具有动态业务流程重组和组织结构重组的能力。这种多样的共存的高柔性的组织结构,提高了组织对不同需要、不同层次、不同单位的适应能力。

(三)知识管理

知识管理是经济全球化时代的产物,在企业管理活动中产生了直接的经济效益。高校图书馆是储存知识的地方,更应当实行知识管理。知识管理的实行可以使高校图书馆明确知识是文献的灵魂,物质材料是承载知识的附着物。高校图书馆管理的基础不仅是"文献"。从本质上讲,高校图书馆管理的对象更应是知识。开发文献中的知识价值,促使其转化为社会效益是高校图书馆管理的基本任务。高校图书馆知识管理就是将知识管理的理念运用于高校图书馆的管理工作中,研究如何加强高校图书馆的知识积累和知识更新,发掘高校图书馆内在的智力资源和智力要素。从而有效地提高高校图书馆的竞争力和创新能力,实现可持续发展的目标。

高校图书馆有着几千年的悠久历史,馆藏文献的丰富收藏是其他任何信息机构所不具有的,因此要确定自身在信息社会的独特位置,最重要的就是立足于对系统性"知识"的开发利用,为社会营造良好的学习和创新知识的生态环境。知识与文化是密切相连的,如果没有相应的支持知识管理的文化建设的调整,任何旨在创造、传递和应用知识的活动均无法取得成功。

知识管理作为高校图书馆管理的一种新方法,必须以相应的文化观念为指导和良好的文化氛围为条件,应建立融合人文精神、价值观念、行为准则、道德规范以及全体馆员真正责任感和荣誉感为一体的高校图书馆文化,并通过高校图书馆文化的辐射和传递作用,提高馆员的独立性和创造性,培养馆员的团队意识和知识共享意识,从而增强高校图书馆的凝聚力。

(四)以人为本

人是生产力中最积极、最活跃的要素,是组织管理成败的关键,也是组织活力的源泉。以人为本,古已有之。14世纪下半叶欧洲文艺复兴时期,首先在意大利兴起,15、16世纪扩展到整个欧洲,主张以人为本,以人作为衡量一切的标准,重视人的价值,提倡人性和人权。这一主张曾在反对神权统治和封建专制斗争中发挥了重大作用,成为人类文化艺术中的瑰宝,现代管理又赋予了它新的内涵。"以人为本"就是要从人的特点或实际出发,一切制度安排和政策措施要体现人性,要考虑人情,要尊重人权,不能超越人的发展阶段,不能忽视人的需要。其核心就是关心人,了解人,尊重人。在高校图书馆管理中,提倡"以人为本"的柔性管理,可以通过激励、尊重、沟通、交流、民主协商、解放束缚,使人的心情愉悦舒畅、精神振奋,产生互动式的感染与共鸣,从而可以充分调动员工的积极性和责任感,做到各自发挥自己的潜能,不断开拓创新,最大程度地满足不同层次读者的需求。

在信息化时代,传统的高校图书馆管理模式受到了极大的挑战,如何保持竞争力并求得发展是当今高校图书馆面临的一个重要问题。高校图书馆作为一个服务性质的学习机构,正如市场经济一样,读者就是高校图书馆的顾客,高校图书馆的以人为本,离不开以读者为中心的服务模式。

三、改善高校图书馆组织结构,架构合理的组织模式

为了更好地发挥高校图书馆组织载体的功能,进行组织设计是必要的,组织设计是对组织活动和组织结构的设计过程,是把任务、权力和责任进行有效组合和协调的活动。组织设计的基本功能是协调组织中人员与任务之间的关系,使组织保持灵活性和适应性,从而最有效地实现组织目标。组织设计的结果不仅要形成一整套组织结构,还要建立一整套与之相适应的员工考核、评奖、选拔和发展的制度。组织设计应当与组织的战略目标或组织使命或发展愿景及组织中的人员相适应,因此组织设计要适应组织的工作任务和组织环境,不断变化的环境要求组织在结构方面保持更大的弹性,以适应环境的变化。

现在很多高校图书馆都在对高校图书馆组织结构进行重新设计,试行灵活的组织结构,对单个高校图书馆来说,很多高校图书馆开始试行业务流程重组和信息集群式服务模式。

(一)高校图书馆业务流程重组

高校图书馆业务流程重组是以读者需求为起点到创造出对读者有价值的服务为终点的一系列活动,由一系列工作环节组成。业务流程重组有三条基本的指导思想。

1.以读者为中心,以读者价值流为导向进行流程重组

设计高校图书馆服务的最终目标是实现特定的社会效益,因此业务流程重组必须优先考虑社会、读者需求。业务流程重组要求把高校图书馆工作重点放在最大限度地满足读者的信息、知识需求上,坚持以读者为导向,按价值递增过程将相关的操作环节进行重新组合,组成高效率的、

适应读者需要的完整业务流程,并以此为基础重新设计高校图书馆的组织结构,为读者提供有较高价值的信息。

2.以馆员为重点,按照"合工"的思想重新设计业务流程

"合工"思想由管理学家迈克尔·哈默和詹姆斯·钱皮针对亚当·斯密分工原则渐显的不利因素而创造性地提出来的,其主导思想是,将业务流程作为整体考虑,将原本属于一个业务流程的若干个独立操作重新整合起来,将被分割的业务流程按照全新的思路加以改造,从而获得适应新的环境的高效率和高效益。在传统高校图书馆业务流程中,一本书从入馆到与读者见面,要经过几十道工序,每道工序划归不同部门,工作效率低。同时,服务按文献类型划分,使得同一读者的服务被分割在不同功能的书库、阅览室之中。管理运行缺乏与读者即时沟通,难以根据读者需求动态调整资源配置和运行结构,极大地影响了高校图书馆服务质量和社会效益的发挥。"合工"理论被融入高校图书馆流程重组实践,以读者为导向的流程再造,直接导致组织结构发生变化,扁平化成为组织结构新模式。业务流程重组后主要以团队小组为主,小组中的成员必须具备复合型人才的素质,需要具备全面的知识、技能、服务理念和敬业精神,这一客观要求推动馆员不断学习、实现挑战性目标。

3.以效率和效益为目标,设计业务流程

流程重组关注流程之间的关联性,减少交叉的工作环节,这必将推动高校图书馆服务效率和效益的提高。高校图书馆业务流程重组使高校图书馆具备了灵活的组织结构,更好地体现了不同高校图书馆文化的个性化特征。

(二)高校图书馆信息集群

想要建设好高校图书馆文化,组织结构必须是合理的、适应时代发展需要的,上面提出的高校图书馆联盟应该是一种不错的高校图书馆组织形式,但还是没有打破高校图书馆系统的界限,一般都是高校图书馆和公共高校图书馆本系统间的合作,如中国高等教育文献保障系统等,而处于同一地方的高校图书馆、公共高校图书馆和科研高校图书馆之间却沟通

甚少,这在极大程度上浪费了高校图书馆的资源,存在着信息资源重复建设和人力资源重复劳动的诸多不合理现象。因此,有必要提出一种新的组织架构模式,来解决这一矛盾,信息集群的提出,为解决这一问题提供了一些思路。

高校图书馆信息集群是大量高校图书馆及信息机构与组织按照一定的信息资源服务优势集中在特定的虚拟地域范围,按照一定的信息联系集中,打破现有各种联盟的形式和体制,按地域组成具有竞争优势,促进高校图书馆组织结构网络化、管理扁平化、决策实时化,各系统高校图书馆之间关系开放协调化,对信息资源按照科学方法和专业组成进行序化分级,构成一个类似生物有机体的信息群落,形成强劲、持续发挥信息竞争优势的服务网络,运用柔性化的管理和满足个性化的用户信息需求,发挥强劲、持续信息服务优势的一种新的空间知识服务组织形式。集群内具有分工合作关系的不同系统和规模的高校图书馆及机构、组织等成员之间,通过纵横交错的网络关系联系在一起,借助用户群体和信息服务主体之间的共同联合体虚拟服务平台进行广域性信息服务。

高校图书馆信息集群服务模式是一个具有资源共享、平台共建、知识共创的,以用户信息需求为中心的个性化高层次精确知识服务模式,它比高校图书馆联盟的理念更进了一步,高校图书馆联盟一般限于条块分割的各系统高校图书馆之间的联合和信息资源共享,这种做法因为高校图书馆类型相同,任务大致相同,各类型高校图书馆从自身的利益出发,按条块建起各自的信息系统,既不能相互融合,又无法做到真正意义上的资源共享,实际上只是形成了一种集群分割的局面。只有在信息集群共同联合体服务平台上协同分工合作,整合不同类型高校图书馆的优势资源,进一步挖掘、揭示信息资源新的内涵和价值,才能全面而准确地满足各类型高校图书馆用户的高层次信息需求。在这种既分工又合作的知识创新服务体系中,共享在信息集群组织内的信息资源、人力资源、技术资源等和其他知识服务诸要素统筹运行,由此产生的整体价值与效益远高于集群内成员单独一体的情况下所能获得的。可以说,信息集群中知识获取、开发、利用和共享过程中形成的网络和联系是十分重要的战略资源,使原本一条单一的信息需求生产服务链提升成为一条多元立体互补的价值链。

四、高校图书馆人力资源建设

高校图书馆文化是运用文化特点和规律,以人的管理为中心,以提高人的素质和塑造高校图书馆的形象为基本形式,以提高高校图书馆的社会效益,增强生存能力为目的的管理理论、管理思想和管理方式。高校图书馆文化的任务是以人为本,充分考虑人的因素,发挥人的潜能,实现工作效率和竞争能力的提高,促进高校图书馆的繁荣和发展。因此,高校图书馆文化建设和人力资源建设是密不可分的。

(一)高校图书馆文化是人力资源开发的关键性因素

高校图书馆是一个实践性很强的学术服务性机构,是由物质资源和人力资源构成,它需要一定的能力才能承担起责任和义务。高校图书馆能力是指高校图书馆在完成读者服务活动中所具备的条件和实力。从物质资源方面看,各种文献载体、基础设施、现代技术设备、环境等,是读者服务的必备条件,是反映服务能力的基本实力。虽然这些都是物质的东西,但都必须是由人来调整和支配的。因此,人员素质的高低和能量的大小,决定着物的质量和可利用程度。从人力资源方面看,人是高校图书馆的主体、核心,是高校图书馆的活力所在,是在读者服务活动中最积极、最活跃的因素,是高校图书馆能力的最根本的力量。这种力量的集合在高校图书馆知识产品的组织、读者服务中产生深刻影响,是高校图书馆综合素质和实力的反映,因此高校图书馆人力资源的开发是非常有必要的。从企业文化对人力资源开发的影响可以看出,不同的文化观可以导致不同的人力资源观,建立积极向上的高校图书馆文化理念,注重团队精神,大家一起乘上"万吨巨轮,共同抵御海上的风浪",将高校图书馆事业推向成功的彼岸。

(二)高校图书馆文化是人力资源开发的理论依据

人自身文化素质的开发水平,人对组织文化的认同和理解程度,都内在地制约着人的体能、智能和技能的发挥。因此,人力资源的文化开发是其他资源开发的基础和决定性因素。高校图书馆文化主张人本管理,注重人力资源文化潜质的培养和塑造,致力于人的思维和行为的关系探究,倾向于人的管理、服务、经营及一切社会行为的文化元素探索,力图从人作为文化主体与其思维和行为的关系追溯出人力资源的经济生活、社会生活的文化逻辑起点与价值归宿,从而为高校图书馆、为信息社会乃至整个人类探索出一条张扬个性、发展人性,又能使高校图书馆的社会效益达到最好的文化途径。从这个意义上讲,高校图书馆文化是人力资源开发的基础理论。

高校图书馆文化作为人力资源开发的基础理论,主要体现在以下四个方面:人本基础论、群体和谐论、文化自觉论和价值主导论。这些理论贯穿于整个高校图书馆文化的研究体系中,其中人本基础论是人力资源开发的文化元典,即以人为本的文化管理理念。群体和谐论是人力资源开发的文化优势,即指高校图书馆团队精神的建设。文化自觉论是人力资源开发的文化优势,体现于文化的潜移默化功能之中。价值主导论是人力资源开发的文化核心,体现在价值观主导和支配高校图书馆文化的其他要素的核心地位上。

(三)高校图书馆文化是人力资源开发的重要内容

人力资源的开发是发现、发展和充分利用存在于人身上的社会财富创造力的过程,其内容是多方面的。其中人力资源在文化范畴上的开发,是文化研究者们最关心的问题,人力资源的文化开发强调拓展人的精神文化潜能,是真正以人为本,由管理人走向善待人、培养开发人的能力,最大限度地满足人的物质、精神文化需求,实现个人价值和组织价值的人力资源开发的高级层次。人力资源的文化开发是高校图书馆长期的目标和最重要的内容,作为意识形态的文化,是一定社会政治和经济的反映,又给予一定社会政治和经济以巨大的作用和影响。高校图书馆文化只是整个人类社会文化大系统的一个子系统,一定的高校图书馆文化是时代精神、民族精神,以及社会文化在高校图书馆的特殊组合,其内核是价值观和高校图书馆精神。高校图书馆文化所形成的思想观念、行为方式、价值准则、道德规范、心理态势、知识体系等精神财富对高校图书馆的发展和能力建设的价值是不能低估的,它对高校图书馆的影响也是巨大的。因此,高校图书馆人力资源的文化开发是一种积极的文化管理方式,包括一切影响到高校图书馆、员工和用户之间关系的管理决策和行为,是文化管理的重要组成部分,因此说,高校图书馆文化是人力资源开发的重要内容。

(四)高校图书馆文化是人力资源开发的重要途径

高校图书馆文化强调高校图书馆员共同的信念、共同的价值观、共同的目标理想,高校图书馆共同愿景,共同的高校图书馆作风和高校图书馆形象等。高校图书馆文化是一个新概念,说它新,是因为它作为一个管理理念很新,文化存在于高校图书馆中上千年,潜移默化地影响了无数人,但是直到它在企业管理中发挥出其巨大的影响力之后才被高校图书馆界重视。从企业文化对企业管理的影响和作用,以及许多企业的文化管理成功经验中,高校图书馆可以找出在新的信息时代谋求新的发展道路,即高校图书馆要建立一个明确的高校图书馆文化,如一致的价值观、一致的理念,作为高校图书馆管理和员工行事的重要依据。高校图书馆文化之所以是人力资源开发的重要途径,是因为高校图书馆文化强调高校图书馆的个性特征,不同的高校图书馆有不同的个性,管理理念和方法也不能全部生搬硬套,但每个不同的高校图书馆个性特征中都有一个共同的管理理念,即"以人为本"的管理思想。高校图书馆文化强调对高校图书馆员工和用户的价值观、人生观和专业技能等的具体塑造。而且,还在目标上确立高校图书馆的经营战略和服务方针,从改变人的观念入手,以各种途径和方法来调动人们的积极性和创造性。

(五)高校图书馆文化使人力资源开发价值更高,效果更好

高校图书馆文化是高校图书馆人力资源开发的原动力,高校图书馆

文化是伴随高校图书馆的诞生而产生的,尽管高校图书馆的初始文化内容和形式比较简单,但却对高校图书馆人力资源在客观上提出了一定的要求,赋予了它特定的职责。随着高校图书馆事业的发展,从古代藏书楼到传统高校图书馆再到现代高校图书馆,其社会职能发生了深刻变化,高校图书馆文化越来越丰富,其内涵也越来越深刻。从规章制度、行为准则,到价值观、行为方式、管理作风、高校图书馆精神、道德规范、发展目标和思想意识等;从对物的衡量,到更加注重对人的发展,高校图书馆人力资源概念越来越被重视。

高校图书馆文化理论的核心内容是"以人为本"的管理原则,把人的能力和能力的提高,人的物质和精神需求的满足程度作为高校图书馆人力资源规划和管理的重要内容和项目之一,这就是高校图书馆文化的力量。所以,高校图书馆文化对高校图书馆的影响和作用是全面的、深刻的。高校图书馆文化通过注重高校图书馆价值观、高校图书馆精神、高校图书馆意识、行为方式等方面,最大限度地发挥员工的积极性、主动性、创造性,实现员工的个人价值。在一定意义上说,高校图书馆的一切活动都是在高校图书馆文化的引导下进行的。同时高校图书馆文化还具有一种调节能力和协同能力,这种调节和协同的作用,主要是心理的协调和协同,它是积极的平衡和激励,促使高校图书馆活动不断地从无序向有序、从简单到复杂、从传统向现代进步和发展。这主要体现在对高校图书馆人的心理、思想和行为的诱导、协调和控制,对已经产生的潜移默化的感染熏陶作用,形成观念一致、思想统一、振奋精神、团结合作、和谐、行动协调的良性循环局面。

高校图书馆文化的影响和作用的对象首先是人,人是文化的主体,人是文化的起点,人也是文化的终点。高校图书馆文化离开了人,便无从谈起,高校图书馆也不能生存和发展。高校图书馆文化的一个核心点就是尊重人、理解人、关心人、信任人、调动人,它的根本目的是强调人的发展。高校图书馆文化中所蕴含的高校图书馆目标、高校图书馆理念、高校图书馆宗旨、高校图书馆价值观、高校图书馆精神、高校图书馆道德等,都成为激励人奋发向上的尺度。这种"无形的精神驱动力"调动着高校图书馆员的积极性、主动性和创造性,并在高校图书馆员的心里持久地发挥作用,这实际上是给了高校图书馆人一个为提高自己的实力和能力,而进行自我设计、自我发展、自我实现的舞台,也使每一个高校图书馆员强烈地感到自己在这个群体中存在的意义,就会产生一种崇高的使命感,从而自觉地为社会、为高校图书馆、为实现自己的人生价值而勤奋工作,在实现个人的自我价值过程中,也创造了高校图书馆的业绩和一定的社会价值。同时,高校图书馆文化也影响着和作用于高校图书馆的服务对象,它直接在读者心里树立起高校图书馆形象,它也在间接地调动和吸引着更多的读者利用高校图书馆,高校图书馆也将取得更佳的社会效果。

对高校图书馆来说,建立适应网络信息时代的高校图书馆文化,人是最重要的关键因素。所以,高校图书馆文化建设首先要加强人力资源建设。人文氛围浓厚的高校图书馆,离不开高素质的馆员。拥有一支高素质的高校图书馆员队伍,是高校图书馆事业得以健康发展的关键。实践证明,凡是管理出色的组织,都有一个充满活力、凝聚力和战斗力的团队。高校图书馆应从可持续发展的角度,顺应知识经济时代的要求,营造和谐的文化氛围,追求人与自然和谐共生的目标。从生态文化的角度来看,高校图书馆应建立绿色人际关系,即人与人相互关心、和谐合作、协同进步的生态环境,造就用户自己把握自己的文化氛围。成功的高校图书馆的最大秘密就是"物质精神化"。只有灌输了高校图书馆精神,高校图书馆的一切才变得有了生气,成为积极的发展因素。

五、高校图书馆核心竞争力开发

核心竞争力一词,源于企业战略管理,其概念是 1990 年美国密歇根大学商学院教授普拉哈拉德和伦敦商学院教授加里·哈默尔在其合著的发表于 1990 年的《哈佛商业评论》上的《公司核心竞争力》一文中首先提出来的。他们对核心竞争力的定义为:"在一个组织内部经过整合了的知识和技能,尤其是关于怎样协调多种生产技能和整合不同技术的知识和技能。"从其与产品或服务的关系角度来看,核心竞争力实际上是隐含在公司核心产品或服务里面的知识和技能,或者知识和技能的集合体。核心竞争力概念提出来以后,引起了管理学界、企业界众多人士的广泛关注,现已被越来越多的学者和企业家运用到企业的战略管理中。

为了谋求高校图书馆更好的发展,近年来,"核心竞争力"理论也被引入高校图书馆学研究,成为高校图书馆界热衷研究的对象。高校图书馆核心竞争力是从企业核心竞争力引申出来的概念,我国学者从不同角度对高校图书馆核心竞争力概念进行了研究,形成了各种不同的观点,最具代表性的概念是认为高校图书馆核心竞争力是以知识、技术为基础的综合能力,是高校图书馆赖以生存和稳定发展的根基,是高校图书馆所具有并可为高校图书馆带来竞争优势的特定能力的有机组合。以技术能力为核心,通过战略决策、文献资源组织与建设、提供优质特色服务、信息产品开发、人力资源开发及组织管理等整合,或通过某一要素的效用凸现而使高校图书馆获得持续竞争优势的能力,是维持高校图书馆存在和保障该高校图书馆发展的独特的、外界不易掌控的能力。其通过高校图书馆的产品和服务体现出来。主要表现为领先于竞争对手的技术和体现这一技术的持续改进的新产品和新的服务方式,领先于竞争对手的管理氛围和价值观念,迅速地适应环境的变化并不断强化、改善的能力。

核心竞争力由两个基本要素组成:比较优势和竞争优势。比较优势和资源有关,是指本地区或组织所独具的资源与有利条件。比较优势对核心竞争力的主要贡献是造成了某种差异性,如形成特色产品,从而能在竞争中获得较大的差别利益,但有了比较优势却不一定能形成优势竞争力。竞争优势和资源利用有关,是指在竞争中相比于竞争对手的更强的能力与素质,强调的是一个地区或组织的内生能力,特别是创新力。相对于比较优势,其在核心竞争力中的地位也更重要。这主要是因为基本要素在经济发展中的作用不断下降,而科学技术和知识经济的发展,使高级要素(如知识、人才、信息、智力)的作用上升。

高校图书馆的核心竞争力是高校图书馆在社会中的独特竞争优势,

是维持高校图书馆存在和保障高校图书馆发展的独特的、外界不易掌控的能力。高校图书馆在人才、知识信息资源及现代化处理设备方面,相对于别的信息服务部门来说具有很强的优势。高校图书馆的文献信息资源、人力资源、业务技术能力和创新能力、优质服务、文化都应当是高校图书馆核心竞争力的有机组成部分。高校图书馆核心竞争力的关键是人,是各类专门人才汇集的团队,是团队所具有的学习能力,是将学习所获得的知识用于高校图书馆工作实践,并使高校图书馆保持与时俱进的能力。高校图书馆的核心竞争力还应该是高校图书馆能够及时掌握并适应用户需求变化的趋势,经过长期精心培育建立起来的独特的差别优势,并能增强高校图书馆在信息服务业中竞争实力的关键能力。

第四章　高校图书馆与校园文化建设实践

第一节　高校图书馆与校园文化的建设

　　高校图书馆是高校重要的科研教学服务组织,是高校开展教学和科研的重要保障。高校图书馆文化经过多年的积累沉淀,代表着一所高校的文化涵养和校园文化氛围,代表着一所高校的文化价值观和人才观,反映着学校对人才培养和高校教学的认知,为高校人才培养和文化建设积淀了深厚的文化基础,能够培养学术精神和思考精神,形成高尚的艺术品位和优良的审美价值观,通过与教学相配合的方式培养优秀人才。

　　第一,图书馆是每个高校的标志性建筑,代表的是一所大学的形象和文化氛围。图书馆文化直接或间接地影响图书馆员和高校师生的价值观念、道德准则、行为习惯和审美取向等。

　　第二,高校图书馆中的馆藏作为校园文化的重要来源,收藏记录了前人的研究成果。这些馆藏是前人留下的优秀文化的积淀,也是学生吸取前人优秀文化成果的主要渠道。这为优秀校园文化积累了丰富的精神文化资源。

　　第三,经过信息化、网络化的建设,高校图书馆成为高校信息中心,教学科研中心能够给读者传递图书馆内丰富的文化信息资源,是高校图书馆文化资源的输出器。

　　综上所述,图书馆在校园文化建设中占据重要地位。一方面,图书馆为高校师生、开展科学研究、进行思想文化教育提供了良好的场所和氛围,成为师生提升综合素质的空间;另外一方面,良好的图书馆学习氛围能够形成一个无形的"场域",让更多的师生在图书馆内学习并自觉遵守图书馆的制度文化,这种自觉慢慢地会影响到一个学生在日常学习生活中的表现,最终形成影响一生的习惯。

第二节 高校图书馆开启校园文化建设新思路

人类进入了知识经济时代,世界各国为了在新一轮的竞争中赢得主动地位,都在大力建设学习型社会,建立创新型国家,通过科技成为世界领头羊,而科技成功最关键的是人才。随着这种大趋势的发展,高等学校在人才培养模式和课程方面都进行了重大改革,尤其是在中国,改变了过去完全靠教师讲课,学生被动接受的模式,开始重视学生的创新性教育,培养学生的自主学习和创新能力,培养全面发展的高素质人才。高校图书馆作为大学师生自主学习的重要阵地,发挥的作用越来越大。然而,由于一些高校在这方面的重视程度不够,图书馆在人文教育、创新教育、自我培养等方面发挥的作用较弱,导致校园文化建设不足,不能形成大学校园应有的文化氛围和文化特色。

高校图书馆是校园文化的重要组成部分,前文已经详细分析,而校园文化建设的目的正是高校图书馆一系列作用的重要体现,下文将作详细分析。

一、高校图书馆是校园文化道德教育的理想课堂

高校思想政治教育工作历来受到党和国家的高度重视。图书馆的思想道德教育是课堂教育不可缺少的补充,总体上说,主要具有以下几点优势。

第一,课堂是直接灌输式教学,而图书馆的道德教育是在学生自主学习的基础上,通过多种形式的教育活动,对学生产生潜移默化的影响,从而达到教育学生,提升学生思想道德水平的效果。在图书馆开展思想道德教育的方式主要有三种:一种是学生通过阅读大量的文学、哲学、伦理

学等图书资料进行学习,通过这些内容的阅读提升自己的思想品位和道德水平,是一种较缓慢的方法,但也是对学生的人生观、价值观起到较大影响的方式;第二种是通过图书馆工作人员的行为,如热情周到的服务等;第三种是营造图书馆安静、优雅的阅读环境,以及方便快捷的读书服务,从而达到教育的目的。这些都是对学生产生的潜移默化的影响。这三种其实是一个整体,通过文献信息资料的阅读,图书馆良好的文化氛围和环境对读者产生了影响,无形中影响了学生的道德价值观念。正如西方学者柯尔伯格所说:"道德不是教出来的,而是通过感染获得的。"

第二,指导教育不同,模式的道德教育属于一种自我教育。大学生有着强烈的情感,将他们按照个体认知能力的需要分组,通过关注新闻文化作品和直接参与活动,体验对道德价值的自我意识,自我选择,从而达到自我完善的目的。

第三,与单纯的理论式教育相比,图书馆的道德教育是一种实践活动。"道德教育的实践性本质决定了道德教育的方式应走出以教师和课本为主的课堂,而应与现实生活紧密相连,使学生的整个生活成为有道德的生活,实现道德在实际生活中的引导、激励和提升作用"。学生最真实的道德情感、意志、理性是不会在正式课堂中表现出来的,只有在课外的活动与实践中才表现出来。因此,也可以认为,大学图书馆是大学生思想道德品质的一块"试金石",通过大学图书馆的活动,可以看出一个大学生的思想道德品质,可以通过了解大学生的思想道德状况,从而开启大学生思想道德教育,提高大学生的思想道德水平。

第四,相对于思想教育而言,图书馆的道德教育是一种管理教育。所谓管理教育,是通过一系列的管理规定来规范和约束读者行为,从而使大学生形成良好的图书馆借阅习惯,推及至生活中也有良好的管理意识和规范意识,成为一个合格大学生。图书馆常用的管理规范主要有《读者规约》《文明借阅规则》《阅览须知》等。

二、校园文化体系构建:塑造人格、培养人文精神

教育的目的是培养合格人才,培养人才是要塑造独立人格。南京师

范大学朱小蔓博士认为:"德育的根本任务,是在于影响人格,形成德行。"通过学校教育,培养具有自主生活能力,有自我意识和自我判断力的独立个体,图书馆是高等学校教育中重要的一个部分,图书馆有必要、有责任对学生开展人格教育,培养学生具备人文精神,使学生的情感、认知、意识均衡发展。教育的本性在于培养有生活能力、有主体精神、能主宰自己的人。高等学校图书馆是高等学校教书育人的重要组成部门,有义务培养大学生良好的心理品质,促进人格健康发展,使学生个体认知、情感、意识、行为均达到和谐发展。主要体现在以下几个方面。

(一)责任教育

道德教育的目标可以简单地总结为责任感。责任认知是责任感培育的前提和基础,没有对自己应当承担的责任的认识,就不可能自觉而持久地履行责任[①]。联合国教科文组织在召开的首次世界高等教育大会上明确提出:"高等教育首先要'培养高素质的毕业生和负责的公民',强调了责任心对一个公民的重要性,他的一言一行必须是对社会负责的。"个人与国家的兴衰息息相关,一个独立的个体首先应当考虑的是承担国家繁荣富强的责任,无论职位、收入、工作内容有无差别,但时时刻刻都存在的责任感,让一个人毫不懈怠,努力奋进。这种责任要求图书馆馆员具有高度自觉性,严格遵守纪律和制度。对读者而言,应遵守图书馆相关管理规定,如果有违规,就要受到一定的惩罚。如超期的图书,需要按照规定要求赔偿,如损坏了图书需要赔偿,等等。形成良好的责任意识,走上社会成为一个有担当、负责任的人。

(二)尊重教育

我们强调建立和谐社会,和谐社会的一个重要方面就是要遵从自然、法律、共同行为规范和他人,而且也要尊重自己,由此形成人与自然、人与人的和谐关系。图书馆的服务工作中,人与人接触较多,是需要相互尊重的地方,因此必须重视尊重教育。如我们有时候会看见个别同学对图书

---

① 赖萱萱."古""今"之辨:时代新人责任教育的应有之维[J].河北工业大学学报(社会科学版),2022(03):65-71.

馆管理员的态度蛮横、不讲理、指手画脚；有的同学看到自己需要的资料，悄悄地撕走了那一页；还有的同学长期占用图书馆的座位，甚至用锁锁住存书柜，等等。这些都是不尊重他人的行为，作为高素质的人，应当知道，这些行为对他人产生了不好的影响，而且也违反了图书馆的管理规定。要做好图书馆的尊重教育，首先，作为图书馆的管理员，应当以身作则，严格要求自己，严格遵守图书馆的管理规程，热情、周到地为同学们做好服务工作，提供便利的阅读学习条件和资源；时刻提醒和要求同学们做一个文明人，尊重他人；同时，通过表彰先进，为同学们树立先进典范，激发他们的欲望，这也为校园文化奠定了良好的基础。

(三)平等教育

图书馆是一个平等的环境，在这个环境中，任何人，不会因为民族、年龄和性别等的差异，而享受到差别化的待遇，都一视同仁。首先，师生都平等享受图书借阅的权利，当然，也都必须遵守图书馆的管理规定和制度。因此，如果读者遭受不平等的待遇，就必须及时提出来，维护自己的权益。

(四)服务教育

服务是图书馆的中心工作，这既是图书馆本身的职能，也是行业特征。图书馆为读者开展服务，这与其他行业相比，只是服务的对象不同，如医生为病人服务等。而每一个人社会价值的体现是奉献，必须服务他人才称得上奉献，在图书馆服务体现得如此明显的环境中，服务教育也就成为一个良好的契机。

三、氛围·规范·制度

学习知识文化是大学生的主要工作，提升自我学习、自我创新能力，图书馆发挥了重要作用。而作为校园文化的重要内容，为了营造良好的氛围、让教育工作落到实处，高校图书馆还必须建立规范的制度化。

(一)创造良好的道德教育环境

所谓道德教育环境是指在图书馆这一特定的范围内，读者在借阅、利用文献资料的过程中思想道德的自我感知及思想道德气质形成的各种外部条件的总和。前文已经提到,主要包括两个方面的内容:一是外部环境,包括图书馆的装修、图书馆相关的图书、外部宣传画等等;二是图书馆的软环境,主要是图书馆工作人员热情、周到的服务,图书馆良好的服务理念,以及良好的声誉。图书馆在一所高校享有的声誉能够对图书馆产生重要影响,这也是图书馆馆员一代代人长期努力坚持的结果,是无法靠突击就可以形成的,这对良好道德教育环境的形成有很大影响。

(二)提高馆员自身道德素质

图书馆工作人员是高校图书馆道德教育的发起者和执行者,提升他们自己的道德素质是图书馆开展道德教育是否有效的核心。长为道德标兵,发挥示范引领作用?要做到这一点,首先要求图书馆有合理的制度;其次要求图书馆工作人员有积极向上的工作动力,还要有高度的责任心,自愿奉献,愿意钻研专业工作,自觉地在岗位上起表率作用,使读者在与图书馆员的接触和交往中,体会到平等、自由、信任、尊重、理解、宽容、责任,同时受到激励、鞭策、鼓舞和感召,使读者形成自己的积极人生态度。这样的效果,使很多图书馆的道德标兵自己就成为图书馆的一本教科书。

(三)建立合理的思想道德管理制度

道德教育与管理一方面是靠内化的自觉,另外一方面还需要外部制度的管理和约束,只有这样,才能够取得道德教育的成效。伴随现代科技的日益发达,图书馆日常的馆内宣传、定期组织活动以及利用现代化的通信交流工具与同学们保持积极互动,可有效增强学生们的归属感,与学生们加强联系。同时,除将同学们在图书馆的表现纳入考评内容外,还要将这种沟通与联系变成考评内容的一部分,全方位促进道德教育实效。

四、服务育人:责任与对策

(一)服务育人提出的背景

在高校,服务育人的提出,是与教书育人紧密联系在一起的。20世纪50年代,党中央明确提出了"教书育人"的口号,正是以"教书育人"为导向,教育院校为国家培育了大批有用人才。六七十年代,这一原则受到了严重的歪曲和践踏。党的十一届三中全会以后,拨乱反正,正本清源,教育界又重新提出和恢复了教书育人的优良传统。大约在20世纪80年代中后期,教育战线逐步形成了"教书育人、管理育人、服务育人"的共识,并以此作为三大育人的主体,形成了"三育人"的整体教育权。在这里,教书育人是最直接和最基础的工作,占据主导地位;管理和服务育人,是一种潜移默化的教育效果,但是也是重要的组成部分,三者共同有机协调组合,为国家培养高素质人才。

高校图书馆的定位是高校教学和科研的服务机构,提供文献信息资料服务工作,图书馆的所有工作必须围绕高校的教学和科研进行。

(二)服务育人提出的意义

1. 理论意义

图书馆本身的特征就是服务,没有了服务,就没有了读者的存在,图书馆也就失去了存在的价值和意义。高校图书馆与其他任何图书馆是一样的,只是因为在高校,服务对象有所区别,主要对象为高校师生。大学生处在学习知识、奠定专业基础的节点上,也是培养正确人生观、世界观和价值观的阶段,因此高校图书馆的作用尤为重要,应该积极配合学校整体的育人目标,在读者服务工作中充分体现育人的力量和作用。服务育人提出的理论价值即在于此:它既体现了图书馆在读者服务中实现自身价值的共性特征,又根据高校图书馆所处的特殊地位和服务对象,寓特殊性于共性之中,突出了"育人"这一特殊重要的功能,界定了服务与育人的关系即服务是前提,是手段,育人才是目的,二者互为条件、互相依存,是一个相互作用的整体。这就从理论上进一步完善了高校图书馆的服务宗旨,避免了以往只提"读者第一"可能带来的片面性,无疑具有理论创新的意义。

2. 实践意义

一旦服务育人成为图书馆的一项目标,高校图书馆的工作就围绕服务育人展开。高校图书馆主要是通过服务来实现育人的目标,而服务育人是以图书馆文献信息资料为基础的知识信息传播与接收的综合立体过程,这一过程的最终目的是通过服务读者来实现的。图书馆的读者服务主要有外在显形与内在隐形两种方式。外在的服务包括借阅、咨询、检索、宣传等服务工作,通过这一方式,不仅要向读者提供所需要的知识信息,而且要借助先进的技术手段使这一服务更准确、更便捷。内在服务则指图书馆良好的阅读环境和人文环境以及馆员在为读者服务中所展示的精神风貌所产生的一种服务效果。高校图书馆正是凭借读者服务这一广阔的舞台,使大学生的文献信息需求得到了最大限度的满足,并尽快地感受到图书馆优美舒适的环境和馆员良好的职业道德对自己的心理及行为所产生的润物无声的影响。应该说,这是读者服务工作的追求目标,也是服务效果的最好体现,更是服务育人的真谛所在。因此,高校图书馆只有不断地提升自己的服务品质,才能充分展示其在育人方面的能力和水平,也方能达到育人的目的。

3.服务育人的特点及优势

(1)以提供文献信息服务为育人主要手段

教书育人在大学是通过课堂教师的教授和学生学习来实现的,课时是固定的,而且最后还需要通过考试来测试学生的学习效果,这种育人模式是可以定量的,是一种目标教育;管理育人则是通过一系列规章制度限制、约束、宣传、引导等措施实现育人的目的。图书馆的育人模式,既不靠灌输,也不靠约束,而是通过文献资料和良好的学习环境,以潜移默化的方式实现育人的目的,能够产生这种效果,主要有两点:首先,文献信息资料上的知识本身就有特定的教育意义;其次,图书馆通过自己的服务活动,满足大学生对文献信息的需求,达到交流传递知识、交流知识的目的。显然服务育人方式与其他两种方式有很大的区别。

(2)适合实施个别教育

大学的教学大多是集体行为,很少能够对单个学生上课。集体教学是把所有的学生视为同一个水平,同样的教学内容,就可能造成有的学生"吃不饱",有的学生却"消化不了",老师在课后可以对个别学生进行补课,但由于精力和时间的限制,是无法完全解决这一问题的。而图书馆对大学生的文献信息服务是以个别方式进行的,不同学生都是根据自己的爱好和实际情况有针对性地选择,能够有效补足他们的知识短板与不足,为优秀学生提供更高的平台,获取更高层次的知识需求。对学习基础较弱,学习吃力的同学提供更多的课堂外辅导,全面消化吸收课堂内容。

(3)适合实施自主性教育

图书馆这种特殊的服务育人方式,让学生能够发挥自我能动性,根据自己的爱好和社会需求选择学习内容,避免单一的课堂灌输式学习方式。自主性学习方式以大学生自我学习为主,体现了学生在教学中的主体地位,有利于他们自主性和个性的发展和张扬。而图书馆以其庞大的知识信息系统,现代化的服务设施,舒适宽松的学习环境和氛围,无疑为大学生的自主性学习提供了最佳的场所和理想的空间。

4.服务育人工作的努力方向

(1)育人先正己

图书馆工作人员是育人的核心,他们在工作中的言行举止传达的精神品格、职业态度、专业技能对学生产生的言传身教、潜移默化的育人效果日益突显。在某种程度上已经超过图书馆文献信息资料本身。学生在接受文献信息服务的同时,从工作人员身上感受到的发自内心的真诚和关爱、平等和尊重、奉献和责任将是学生人格发展、道德养成的重要养分。要想达到好的育人效果,馆员必须首先锤炼自己,具备良好的道德素质、文化素质和专业素质。

(2)开拓服务育人新途径

图书馆作为高等院校的重要组织机构,以服务育人为目标,不仅是简单地向图书馆工作人员提供服务,学生享有服务的过程,还有更多的方式孕育着服务育人的教育目标。如勤工俭学工作,据了解,高校图书馆都会设置一定数量的勤工俭学岗位和志愿者服务岗位,这就让大学生能充分参与到文献信息服务工作中来,体验图书馆的实际工作,参与馆藏文献服务工作的流程,一方面深切体会图书馆的每一项工作,能够为图书馆的工作提供很多有价值的参考意见和工作建议;另外一方面,能够培养自己的动手实践能力,提升综合素质。除此之外,图书馆会定期举办图书讲座、名家讲座、检索工具学习课程、数据库使用培训等课程,这不仅丰富了图书馆的文化活动,丰富了校园文化生活,而且还提升了学生的动手实践能力。这种课堂外的活动,是学生自觉主动参与的,能够充分发挥学生的积极性。

(3)建立健全服务育人评价标准体系

高校图书馆构建完善的服务育人评价标准是考核服务育人效果的重要措施。而服务育人的评价考核体系本身不属于图书馆工作绩效的组成部分,因此不会被纳入日常的考核内容。图书馆工作者在工作过程中的工作态度,采用的语言、动作都是考核的标准,是否严格执行图书馆的管理规章制度,是否严格按照程序操作,是否有违规,这些都是评价体系的一部分,同时来自读者的反馈和意见也是参考的内容。读者的评价和图书馆本身的管理评价标准构成了完整的图书馆工作评价体系。这也是图书馆为实现服务育人目标必须采用的评级体系,并在此基础上加入长期考核元素,形成近期和长远相结合的评价系统,最终促使图书馆工作人员改进工作,向着服务育人的目标迈进。

五、文明读者:在互动中同时提升

(一)做文明读者

任何读者都希望图书馆拥有一个资源丰富、设施先进、自由存取、检索便捷、文明开放的图书馆,能够在任何时间、任何地点阅读和查找到自己想要的资料,并且能够享有优质的图书馆服务。这是读者的终极目的,但图书馆人也在不断改善,希望为读者提供这样一个有良好环境和品质的图书馆,尽管这个过程受到诸多因素的影响,但每一代图书馆人都没有放弃努力。在现实的工作中,图书馆也在不断提高自己的现代化技术水平,为读者提供更多的入口和更便捷的手段,让读者可以在任何地点或者任何时间获取到信息资料,如远程 VPN 系统、官方微信微博平台,为读者提供更多的通道。图书馆应延长服务时间,扩大开架范围,减少对读者的限制和约束,废除一些过时和不必要的管理规定。如允许读者携带书包和自己的图书文献进藏阅厅阅览,取消代书板制度等。

高度自由和开放的图书馆是以高素质的读者为基础的,但是在实践中,图书馆却要面对一些文化素质较低且道德素质差的读者。这并非社会图书馆才会存在的问题,在高校图书馆,大学生都是具有高素质的人才,也常常出现一些道德素质低劣的人,这让图书馆的工作也很被动。

(二)图书馆与校园文化不和谐音符

文明指人类所创造的财富的总和,特指精神财富。人类文明经过多年的变迁和积累可归结为科技和人文两种表现形式。广义的"读者文明"指的是读者这一特殊群体在利用图书馆的过程中内在的文化知识、检索技能、道德修养总和的外在表现;狭义的"读者文明"专指后者,是透过读者个体的语言和行为,读者个体为人品质、道德情操、理想信念的综合表现。

前文讲到,图书馆文化是校园文化的重要组成部分,但是,通过一系列调查发现,当前图书馆工作实践中,存在很多问题,这成为图书馆文化建设乃至校园文化建设中的不和谐音符,影响了图书馆的形象,这也是校园文化建设中需要重视的问题。首先,读者在使用文献信息资料时,不爱惜,随意涂抹,甚至有自己需要或者喜欢的,便将其撕下留存;公共的检索设施使用时不阅读使用说明,随意乱点,甚至出现拳打脚踢的现象。其次,在服务台,稍有服务工作不及时,有些读者会大发雷霆,不理解和支持图书馆工作人员的难处和工作程序;电梯、自习室、饮水间、阅览室垃圾随意丢弃,纸屑到处都是,尤其是阅览室用图书将位置长期占有,甚至有的高校学生将位子用锁锁住,进行倒卖座位的行为,这既是图书馆管理不到位的问题,也是读者的道德素质问题,应当引起足够的重视,这不仅代表着一个图书馆的水平,也代表了一所高校的文化水准和学生的综合素质水平。

针对这些不文明行为,读者需负责任,但从一个组织来说,图书馆亦有不可推卸的责任。在规章制度方面,虽然有严格的管理明细,但长期以来,图书馆管理松散,执行不严格,这就使得部分读者能够这么随意,尽管人数很少,但起到了不好的带头作用。俗话说:"一颗老鼠屎,坏了一锅粥。"有的高校图书馆采用经济制裁的方式来惩戒那些不讲文明的读者,但收效甚微,究其原因,还是没有形成体系性管理,没有从源头抓起,没有形成舆论监督及相应的道德价值评估体系。

从读者的角度看,现代的大学生多是独生子女,条件优越,从小受到家长的宠爱,部分学生由于家庭教育的失当,形成了自私、不团结的不良习惯,同时学校教育只重视考试成绩,忽略了他们的思想道德教育,导致学生的思想道德水平与学业成绩发展不均衡,产生了不良后果。

(三)图书馆与读者的良性互动

读者的道德认知、情感和行为达到一定的水平,才有文明行为。大学生读者除了有课堂的思想政治教育,图书馆也必须加入大学生人文精神素养的提升工作中去,通过对大学生读者的文明道德教育和管理,体现图书馆的人文特征和人文关怀,这应当成为图书馆服务育人的重要方面,应纳入图书馆的改革中来,应发挥图书馆在大学生素质培养中的特殊作用。

图书馆的文明教育是潜移默化的,主要通过"渗透—协调""实践—参与"的方式实施,这和课堂教育是有很大区别的。图书馆通过推荐优秀的图书、作品,进行积极的舆论与氛围引导;通过提供真诚友善、平等亲切的服务以及优美、洁净的读书环境,让学生感受到真、善、美这一价值理想的现实存在并在其中深受感染;通过专题图书资料展览或者推荐引导学生发展自己的兴趣,提升审美意识和审美品德。此外,利用读者在图书馆的实践行为,对大学读者进行引导、教育与管理,纠正其文明道德方面存在的行为偏差。在形式上,图书馆可以采取读书比赛、学术讲座、有奖征文和知识竞赛等多种方式,使大学生在身临其境中耳濡目染,润物细无声地影响大学生,使其成为高素质人才。

当然,培养大学生的文化素养是一个长期而艰巨的过程,不是一蹴而就的,在学校、图书馆和家庭都努力的情况下,还要处理好多种关系,才能产生实际的效果。

首先是自由与遵守规章制度的关系。自由是人类一直追求的目标,理想的社会制度,是能够充分体现人类的自由。正是这种对自由的追求,促进了图书馆不断改革,实行开放办馆的模式。但是自由不是无条件的,它是相对的,如果所有人都不遵守规章制度,最终会导致混乱,毫无自由可言。读者必须处在图书馆的规章制度之下,并且自身也有良好的道德素质,在这二者结合的情况下,图书馆维护每一个读者的自由。

其次是权利与义务的关系。作为一个社会人,要获得一定的权利,那就必须履行一定的义务。读者在享有图书馆提供的服务时,必须遵守图书馆制度,爱护资源,珍惜环境,尊重他人劳动的应尽义务。义务和权利相匹配相协调,才能够保证权利的长期性和稳定性,否则,昙花一现的权利没有任何意义,最终会导致权利转移。

最后是利己与利他的关系。每个人在做出选择时,都会在利己和利他之间进行权衡,出于自私的本性,人可能会本能式地关心自我,但这种本能式的关心,更多是出于物欲和私利的满足,这种关心会导致悄悄藏书、撕书,据为己有的自私行为,也会促使部分读者面对以上的行为而做出熟视无睹、视而不见的自我保护行为,但是这样做却损害了其他读者的利益,这是与人的价值背道而驰的。如果读者考虑了他人的利益,就不会做出这种行为,更是一种品行高尚的体现。

高校读者文明是图书馆工作服务育人的一个重要方面,这关系到一所高校的人才培养水平,代表着大学生的综合素质和思想道德水平,当然也关系到民族的兴盛、历史的进步、文明的发达,并将对读者产生终其一生、受用无穷的影响。

第三节 高校图书馆参与校园文化建设实践

随着科学技术的发展,尤其是移动互联网的发展,信息的种类和新媒体传播方式越来越多,从简单即时沟通工具到互联网社交,再到自媒体,发展速度快、内容多。这种变化,一方面为校园文化建设实践带来了更多的可应用工具和途径;另外一方面,这种变化导致知识更新速度越来越快,高校教学和科研对信息的需求具有针对性、及时性和新颖性,并呈多元化的特征。互联网时代,高校图书馆必须适应这种发展模式,才能满足师生对信息的需求,促进自身的发展,也才能够与校园文化建设均衡发展。本节将从数字化网络化的起源、数字图书馆的发展现状及趋势入手,通过分析我国高校图书馆网上服务现状,探索当前高校图书馆在数字化、网络化新环境下适应时代发展的需求,积极开展创新服务,为教学科研服务,针对高校读者多元化的需求进行个性化服务的新模式。

一、校园文化建设实践与个性化服务

近年来,随着计算机和互联网的广泛应用,基本上所有的高校图书馆都在进行技术革新,具备了在网络上提供以信息查询为基础的图书馆信息服务,而且速度很快。然而,这只是基础,现在个性化的图书馆服务是高校图书馆的变革方向。个性化为提升图书馆服务质量提供了新的目标和方向,也为服务对象利用图书馆信息资源创造了更好的条件。图书馆通过了解自己的读者,利用现代化技术工具,为不同的读者提供差异化的服务,全面提升图书馆的服务质量和水平。当前,高校图书馆的个性化服务主要包含以下内容。

(一)个性定制

个性定制主要包括内容、界面、服务、检索和提示型定制。这种定制主要是在读者与图书馆互动的过程中,读者根据自身的需求,提出的服务需求,为了满足这种需求,图书馆通过设定不同的参数或者选择来满足读者需求,因为每个人的需求不尽相同,因人而异。

(二)个性推送

个性推送是图书馆根据大数据分析读者的特征,整理一些读者可能感兴趣的内容发送给读者,从而实现图书馆和读者有效互动的方式,主要有以邮箱为代表的人工推送和软件自动完成的机器推送。随着新兴媒体工具的广泛使用,个性推送方式越来越多,如微信公众号的建立,每一个读者不同的回复或者需求都可以得到不同的推送,找到自己感兴趣的内容。

(三)呼叫中心服务

呼叫中心服务是在计算机技术的基础上建立的综合性信息服务体系。用户可以通过电话、计算机、客户端或者网站等手段联系到图书馆的客服,得到帮助,实现图书馆的各项功能。呼叫中心服务的特点是可以提供全天候服务,提供很多解决问题的途径和通道。随着微博、微信等媒体工具的发展,读者通过呼叫中心获取到图书馆服务的方式更多、更便捷。

(四)"我的图书馆"个性化服务系统

当前,大部分高校图书馆都建立了"我的图书馆"个性化服务系统,通过登录"我的图书馆",读者可以将自己的信息查询和使用数据保留下来。这个系统既是读者访问图书馆的窗口,又是图书馆采集读者信息和使用数据的最好方式,读者可以通过这个途径查询信息、获取文献资料等。这个系统在方便读者的同时,也为图书馆改进服务质量提供了有效手段。

(五)图书馆门户网站和服务 App

图书馆门户网站和服务 App 是图书馆开展对外服务的重要手段,通过访问图书馆的网站或者 App、微信公众号等终端,能够获取图书馆服务。随着移动互联网的普及,这些个性化工具发挥的作用越来越大,图书馆变得更加虚拟,图书馆与读者的互动更加密切,并且服务内容越发具有针对性。

二、网络环境下校园文化实践中的个性化服务

技术支撑个性化服务从本质上说是一种以人为本的服务,所有的工作都要围绕人来开展,当前要实现这个目标,就必须运用各种技术手段来实现。

(一)数据挖掘技术

互联网极大地丰富了人类的信息,网络是一个巨大的信息海洋,一方面丰富了人类的知识,但另外一方面也使信息参差不齐,造成了信息困扰。因而,数据的发现和挖掘就很重要,通过数据挖掘技术,从众多信息中找到自己需要的内容,服务于经济社会文化发展需要,才是关键。高校图书馆通过数据挖掘技术找到校园文化建设中的一些有用信息或者规律知识,这是最基本的文献信息服务。

(二)数据推送技术

图书馆的主要工作之一是知识的传播,每个读者的需求不同,信息价值就不一样。同一个信息,一些读者认为是必要的,是有价值的,而对于另外一些读者,可能就是多余。比如最前沿的纳米技术,纳米研究学者是

很需要的,而对于一群研究历史的学者们,则不一定有价值,这也体现了数据的分发和推送技术是多么重要。当前的信息推送技术主要有频道式推送技术、邮件式推送、网页式推送和专用软件式推送四种方式。

随着"互联网+"技术的发展,目前基本上所有的高校图书馆都建立了自己的微信公众号和官方微博,通过这两种途径,能够很轻松地实现图书馆与读者的信息沟通和互动。同时,微信公众号平台的广泛应用,为图书馆的数据推送和其他服务提供了简单便捷的途径。

(三)智能代理技术

智能代理是一种能够完成委托任务并可以快速浏览互联网,寻找所需信息的计算机系统。这种技术能够有效捕捉到读者的使用痕迹,通过分析,总结出读者的爱好、专业需求等个性化特征,从而为读者提供个性化服务项目。同时,通过长时间的总结,能够自动检索,为读者提供信息资料,甚至代理读者的工作。这在智能化时代的今天,是非常具有代表性的。因此,随着技术的不断发展,这种技术会被升级成为一种智能化服务。

(四)门户技术及 Web 技术

门户网站成为当前任何组织开展信息服务的标准配置,通过门户网站可以实现信息展示、信息查询、服务入口等服务,对于图书馆服务来说可以实现图书馆目标。

三、网络环境下校园文化实践个性化服务系统的发展趋势

(一)系统的服务功能及交互性增强

通过系统可以灵活地为客户提供服务,而且随着技术手段的增多,多样化增强,系统通过痕迹记录,长时间的数据积累,形成客户行为的描述图,就能够为读者提供读者需要的推荐,同时这种交互成为有效交互,长此以往,读者与图书馆的关系就稳固下来。

(二)以用户为中心的理念更为凸显

现代社会以用户为中心的理念体现在任何服务行业,这样才能赢得

用户的支持。无论技术发展到什么阶段,只有以用户为中心,以人为本,才能在激烈的市场竞争中争取到主动地位,使得行业持续、创新发展。

(三)MyLibiry 系统与垂直门户网站相结合提供服务

图书馆的门户网站为开展读者服务提供了良好的入口,专业化的读者与大众化需求的读者,都能够兼顾。而 MyLibiry 系统与垂直门户结合,为开展最优的信息服务提供了最优通道。

(四)发展集体定制服务

图书馆的系统是图书馆与用户之间的交流,而对于用户与用户之间却没有直接的交流机制,而对于同一类用户可以形成一个集体。针对这一类集体开展信息服务,提高服务效率,能够避免重复性工作,把工作集中到提供更好的知识信息工作上来。

四、网络环境下校园文化实践个性化服务存在的主要问题

(一)信息资源建设问题

文献信息资源是信息服务开展的基础,个性化的服务必须具有丰富的信息资源,如果没有丰富的文献信息资源,一切个性化的服务都是空谈,都不能够赢得用户的满意。因此,信息资源是个性化服务的第一步,但对于目前的很多高校图书馆来说,仍以信息收藏量为主,服务为次,过于片面追求图书馆信息的大而全,因此,这种做法势必阻碍图书馆的个性化服务工作的开展,同时也为校园文化建设取得成效带来很大局限性。

(二)技术的繁复与用户使用的便捷性问题

通过技术手段能够为用户提供所需的服务。由于不同的用户有着不同的需求,因此,为其提供的服务和技术难度各不相同。由于技术本身具有一定的复杂性,这种复杂性不仅会为用户使用系统增加难度,甚至会出现一些用户因为知识基础薄弱而无法使用的问题。同时,随着系统功能的增加,技术操作相应复杂。可见,个性化的用户服务与技术本身存在一

定的矛盾,二者需要有一个均衡点。

(三)用户信息安全问题

互联网的发展,为用户的信息访问和利用提供了前所未有的便捷,然而,信息安全一直是备受关注的问题。尽管国家相关部门三令五申要对信息加强管理,要保护公民的信息等隐私信息不受到侵犯,但每年都有很多信息失窃案件,给公民个人和组织造成了巨大损失。

(四)知识产权保护问题

互联网为图书馆开展信息服务工作提供了丰富的信息资源。电子资源和网络信息资源逐渐成为信息的重要内容,由于电子资源和网络信息资源的特殊性,因此就难免会出现一些知识产权纠纷问题。另外,由于我国知识产权保护法律法规的不健全也会在一定程度上影响个性化服务的进程。

五、网络环境下图书馆个性化服务的主要难点

(一)资金短缺

高校图书馆作为高校内设机构,服务高校的科研和教学工作,不收费,不以营利为目的,主要的资金来源靠学校划拨。资金来源中一部分用来支付人员工资,主要部分用来购买文献信息资料和设备,还有一些用于图书馆日常运营。仅仅这些开支都显不足,更不用说用于开展文献信息资料使用的培训、员工继续教育等,而且很多高校图书馆仅仅就购买图书这一项,就很难有足够的经费,很多时候是压缩了再压缩,满足不了师生的实际需求。通过对我国一些高校图书馆的调查,我们发现,绝大多数高校图书馆购买文献信息资料的经费占学校教育事业经费的比例少于2%,其投入严重不足。图书馆经费的不足严重影响图书馆各项工作的开展,个性化服务更是无从谈起。有些图书馆为了自身的发展,便开展一些收费型服务,如电子阅览室收费制、资料复印等等,有一定的成效,但读者对图书馆的收费也往往是颇有微词,不利于图书馆服务的开展。

(二)图书馆人员与个性化服务开展不匹配

我国高校图书馆工作人员来自不同的专业,文化程度不一,甚至有一些从业人员的综合素质较差,积极性不高,没有全身心投入信息服务工作中。结构层次低,知识结构不完善,大部分工作人员还停留在整理图书、借还图书的工作流程中,甚至很大一部分图书馆工作人员还不熟悉电脑的使用,这就很难适应图书馆开展个性化的信息服务工作。

(三)信息资源重复配置

我国的图书馆布局不合理,而且在文献信息资料上,也具有重复性,造成资源浪费。全国一年内的重复购置资源费用多得惊人。如果图书馆能够对文献信息资源进行统筹,避免重复性采购,这就能够节约一定的经费,用于其他方面。经过长期积累,能够为信息共享和个性化服务提供资金支持。单一的独立的图书馆只能对一定区域范围内的用户开展服务,不能够对所有的用户开展个性化服务,而纸质文献等专业权威性较强的内容无法通过网络开展服务,这也成了个性化服务开展的束缚。

(四)技术支持不足

高校图书馆的主要服务对象是高校师生,因此其技术水平是根据师生的具体信息需求而建立的,通过技术手段为用户提供专业信息,并定期提供信息推送,为师生推送相关专业的前沿研究成果信息。这种服务能够满足师生的需求,但开展个性化的服务以满足用户多方面的需求,还显得不足。这种不足首先体现在信息资源上,个性化的信息服务是以海量的信息资源为基础的,然而,目前的高校图书馆很大程度上还是以纸质的信息资源为主,没有将纸质文献资料数字化,这不便于个性化服务的开展,这对于国内所有图书馆都是一个难题。没有统一的数字化标准,图书馆也没有经济实力开展所有图书馆的数字化工作,而图书出版单位出于版权考虑,一般情况下,也不乐意提供数字化的图书,制约了信息资源的共享;其次,现有的图书馆检索技术不能满足读者的需求,通过关键词查询,作者查询能够满足基本的检索需求,在很多专业性内容上,无法通过关键词检索实现,不能满足专业用户的需求;再次,我国的高校图书馆一般都没有专业的计算机技术运营和维护人员,即使有,也只是负责日常的网站维护工作,很多图书馆更是将这项业务外包,这就导致个性化服务技术上往往存在安全漏洞,带来很多运营风险;最后,由于专业人员的缺乏,导致个性化服务系统兼容性较差,不能够实现信息的多方共享和用户的使用。

(五)个性化服务的运行机制不健全

高校图书馆作为高校的一个内设机构,根据高校的办学性质,图书馆工作人员具备不同的属性,一般情况下,属于事业单位系统人员,在事业单位体系内,缺少创新的激励机制,不能够统一协调,行动一致。而且,没有很好的工作监督机制,不能责任到人,很难提供快速便捷的个性化服务。图书馆的考核机制、人员设置都是由学校人事部门管理,没有动力,缺乏竞争和创新意识。在高校这种环境中,一般都是坐等用户上门,没有主动服务读者的概念。同时,在图书馆的内部机构设置上,按照功能区分的部门相互之间各自独立,缺乏有效联系,不利于个性化服务工作。经过调查还可发现,高校图书馆很大一部分尚未实现数字化,不能全方位开展个性化服务。

六、网络环境下开展图书馆个性化服务的对策

(一)市场化改革

图书馆作为公益性的文化服务机构,其办馆经费主要来源于国家行政拨款,高校图书馆来自学校办学经费,图书馆重视社会效益,一般不在乎经济效益。而图书馆开展个性化服务,对人员和设备的要求远远高于一般的图书馆,因而,其中的巨大投入单靠政府或者学校划拨是无法满足的。个性化服务需要引进设备、各种数据库资料等,这都需要巨大的资金支持,例如各高校图书馆需要引入的CNKI系统,图书馆每年都要定期支付一笔使用费。这些投入,如果要图书馆还开展个性化服务,那肯定是不可能的,所以必须建立一个投入与收益的有效平衡机制,保证正常运营,

能够有发展的基础条件和动力。传统的文化服务单位还要通过转型,成为有一定主动权的文化产业单位,在做好服务的同时,积极创新,形成文化产业单位之间的竞争,把图书馆工作当成一项事业。

(二)提高图书馆工作人员知识水平

图书馆开展个性化服务,对图书馆的人员和设备提出了更高要求,简单的图书整理、借还服务已经不是主要工作,图书馆工作人员必须对信息检索知识、计算机应用有一定掌握,能够利用计算机管理系统,给用户提供资料。就目前来看,我国部分图书馆还不能满足这个条件。这种状况下,也不能全部重新招聘人员,因此开展图书馆培训是快捷有效的途径。首先,制订图书馆人员培训学习计划,分时段开展培训工作,短期开展各种技术性培训工作,长期开展能力性培训,两者结合,提升员工工作服务水平;其次,根据员工的年龄和知识层次,进行培训,重点培育一些技术骨干、年轻的员工,形成图书馆个性化服务主力军。当然,除了培训,还应当鼓励员工开展多种形式的自修或者自学,提升自我工作或者管理能力。个性化服务是基于互联网开展,因此对于传统图书馆的布局和设置没有过多的要求,现行的图书馆体制不会对调整形成束缚,因而,全国的图书馆或者各个高校图书馆可以在现有资源的基础上,优化布局,形成合理、互补的新型的个性化服务布局。多余的资源可以用于图书馆的人员培训和人员配备。如上海市将上海图书馆与上海科技情报所进行合并,形成今天功能强大的新上海图书馆。也有高校把图书馆和网络信息中心进行合并或者合署办公,强化了图书馆的实力,提高了图书馆利用现代计算机网络技术的能力,例如蚌埠医学院图书馆早在2005年就将图书馆与网络中心合署办公,节省了大量人力与财力,提升了图书馆的现代化水平。图书馆要敢于打破传统,要开放办馆,信息共享,形成共建、共享、共利的局面,要调整运营管理机制,实现全社会知识共享,减少重复投资建设,满足用户的个性化需求。

(三)建设个性化信息服务的技术体系

图书馆的个性化是依托互联网,通过各种现代信息技术,提供满足用户的信息需求,信息技术是开展个性化服务的保障,如数字化技术、推送技术、专业网站导航技术等,其中数字化技术是基础。数字化信息资源和传统的图书资源相比,具有易于分类加工、贮存、搜寻、传送等优势,不受时间和空间限制,个性化服务能力得到大力提升。数字化技术在图书馆的应用主要解决电子资源统一处理问题、读者大数据管理问题,数据仓库和数据挖掘问题等等,将元数据仓库和大数据挖掘等技术应用于数字图书馆的体系结构中,实现数字图书馆的快速海量存取技术,为具有多个分布式资源库的大型数字图书馆提供快速统一的查询技术。随着个性化服务水平的提升,图书馆应将业界一些最新计算机服务手段和技术运用到实际的工作中来,保持图书馆信息技术的持续更新。

图书馆个性化服务的开展,是一项系统化工程,需要多方位协调,以及各个部门的配合。宏观上,对图书馆个性化服务要有深刻认识,积极笼络各方资源、技术,更新传统图书馆的设置,调整人员考核和管理方式,形成有效的激励机制,提升服务的同时,让每个员工行动起来,主动服务。

第五章　高校图书馆的服务文化实践

第一节　高校图书馆的服务文化建设

高校图书馆服务文化是指全体馆员在工作、学习、娱乐及为读者提供服务等过程中所产生的活动文化,如高校图书馆运营、教育宣传、人际关系活动、文娱体育活动等。它是高校图书馆运营作风、精神面貌、人际关系的动态体现,也是高校图书馆精神、高校图书馆价值观的折射,是高校图书馆的显性文化。一个高校图书馆文化建设的好坏,第一印象就是高校图书馆的行为文化,高校图书馆的行为文化中,最显性的当数服务文化,高校图书馆服务是高校图书馆永恒的主题,建设好服务文化,就建设好了高校图书馆的行为文化,一切行为文化以服务文化为基础。

一、高校图书馆服务文化建设

(一)服务理念

高校图书馆服务应当坚持以读者为本,将读者的需求放在高校图书馆各种服务活动的首位,主动开发读者的潜在需要,最大限度地为读者提供优质、高效服务,让读者高兴而来,满意而归,营造宁静舒适、和谐愉悦的人性化文化氛围。

1.尊重理解读者

读者是高校图书馆的服务对象,是高校图书馆赖以生存的基础。要赢得读者,就要尊重读者、理解读者、信任读者、爱护读者,对读者实施人文关怀、人文援助,体现"以人为本"的人文理念。首先,高校图书馆员要从自己的一言一行中体现对读者的尊重和信任。其次,高校图书馆要为读者提供更多的自由自主空间,尊重读者的权利。最后,要从制度的层次体现对读者的关怀。让读者在愉快自主的心态下获取信息,与读者建立一种平等亲切、和谐融洽的关系,让读者在和谐轻松、赏心悦目的阅读环境中享受到高校图书馆文化。

2. 平等对待读者

每个读者都平等享有在高校图书馆的阅读权利,高校图书馆员要尊重读者的权利,平等真诚地对待每一个读者。对于有违规行为的读者,注重引导教育,避免惩罚,杜绝盛气凌人,使所有走进高校图书馆的读者都能感受到浓浓的高校图书馆文化的气息。

(二)服务内容

高校图书馆的服务内容范围很广,尤其到了开放、智能、多元的信息时代,高校图书馆的服务范围更为广泛。因为信息时代的到来,为高校图书馆的发展提出了严峻的考验,网络海量的信息为人们获取信息提供了极大的便利,会造成高校图书馆读者的大量流失,高校图书馆必须为读者提供更加人性化的服务,才能留住读者。

1. 温情服务

高校图书馆数字资源的增多,使高校图书馆信息资源更加丰富多彩,再加上各馆为方便读者,都延长了开馆时间,读者长时间地在高校图书馆学习阅览,易造成大脑、视觉和身体上的困顿和疲乏。高校图书馆从人本思想出发,为读者提供人性化服务。如为读者提供休闲娱乐场所,增设餐饮服务,提供饮水机和纸杯,也可开设图书超市和文化用品超市,为读者提供多点式、小面积、舒适、温馨的全方位人性化温情服务;在阅览室设置"国际角",准备一些各国原版的图书、杂志和报纸,为外国读者以及本国外语水平高的读者提供服务;安排各种公益性活动,如名家讲座、电影放送、音乐欣赏,让人们享受高校图书馆的温情服务;把现代化信息服务直接送到读者手中,在部分席位上安装电脑、提供网络接入服务等,创设幽雅、祥和、舒适的高校图书馆文化。

2. 和谐服务

和谐服务是一种人性化的知识服务，其本质是在了解用户信息需求的前提下，利用馆员的隐性知识和技术能力，对馆藏信息资源进行抽取、分析、重组、整合，为用户提供经过深层加工、高度浓缩、具有独特价值的个性化深层次增值服务，更为科学、高效、友善、和谐地满足用户个体的信息需求。如高校图书馆为用户提供个性化信息查询服务、个性化信息推荐服务、个性化知识决策服务等，用户均可通过电话、电子邮件、多媒体等得到人性化服务。

3. 特色服务

数字时代，竞争激烈，要使高校图书馆立于不败之地，必须以人为本，创设自己的服务特色。特色服务种类繁多，如建立本馆的特色馆藏提供特色服务、根据地域特色开展特色服务、借助本馆的人才优势和技术设备开展特色服务等。

通过这些开放型、主动型、针对型、多样型特色服务模式体现出高校图书馆的生命力，展现高校图书馆的人性化服务宗旨。在当前的全球政治经济一体化环境下，只有打造自身服务特色，才能创造出最佳的社会效益和经济效益。

4. 创新服务

信息技术的广泛应用，高校图书馆数字资源的增加，使高校图书馆必须积极开拓新的服务领域，及时更新服务手段，为读者提供全方位、多层次的人性化创新服务，实现文献资源的自由化，信息资源的共享化。一是技术创新。如建立多媒体高校图书馆，提供专业数据库等信息服务，以电脑控制一系列多媒体设备，对各种文字、图形、图像、声音、视频等信息进行处理、传递、存取，为读者创建图文并茂、内容丰富、音响逼真、色彩自然、交织共融的高级视听环境。导读工作也随着网络技术的应用有所拓展，建立导读系统，利用搜索引擎，对丰富的网络信息资源进行分类、整序、链接，建立信息导航库，引导读者正确检索网络信息，在网上编制导读书目，开设新书通报专栏，向读者推荐网上的优秀作品。二是管理创新。

即要突破传统的部门管理和层次分明的管理体制,实施多功能"一体化"管理——以读者的需求及其自身的发展为目标,实现信息共享"一体化",如开展信息增值、跨库检索、馆际互借等服务,实现不同文献资源之间的沟通,最大限度地保持知识体系的完整性,提高读者利用信息资源的效率。三是模式创新。信息是一种财富,高校图书馆收集、整理文献,对原始文献进行信息加工,这是一项复杂的脑力劳动,有其自身的存在价值。突破传统面对面的服务模式,在网上开设读者指南、在线咨询、网上培训等业务。利用网络环境开展网上提问与解答,为读者提供高质量的参考咨询和培训服务,方便读者的同时,及时地接受读者的反馈信息,调整思路,改进不足,纠正错误。

(三)服务行为

高校图书馆是一种高层次的文化或信息服务机构,也是社会主义精神文明建设的一扇窗口,馆员的个体形象代表高校图书馆的整体形象,必须从本行业的特点出发,针对馆员的思想、道德、文化及年龄结构实际,通过多样化渠道,加强对一线馆员的培养和教育,搞好礼仪培训,规范其职业行为,促进其整体素质的提高。首先要统一着装,仪容整洁,态度和蔼,目光和善,话语亲切,举止得体,热情周到,操作规范,坚持原则。此外,还要加强与兄弟单位的交流与合作,定期对自身的服务工作开展自查自纠,从中找出不足,制订服务文化建设的近期目标和长远规划,不断校正纠偏服务并满足不同层次的读者需求。

(四)服务文化

服务是人与人之间的文化沟通,文化是服务的不竭之源,服务有了文化的支撑,就会越做越活、越做越实、越做越有品位;服务一旦内化为员工的心理需求,员工的积极性和创造性就会被持续不断地激发出来,使服务走向规范化、常态化,而且能创新服务,快乐服务。服务文化一旦确立,就能使服务从制度的层面完成文化和观念上的整合,充分发挥服务文化的辐射力、陶冶力、推动力,不断提升服务的品位。员工的情操和素质在优质服务中得到陶冶、净化和提高,读者在优质服务中受到感染,得到愉悦和满足。服务文化是图书馆在长期的服务过程中形成的人人认可的价值观念,能规范馆员的服务行为,提高馆员的素质,提升图书馆的形象[①],使高校图书馆在优质服务中健康持续发展。高校图书馆造就服务文化,使服务走向全员,提升到文化层面,渗透到高校图书馆所有活动中,让高校图书馆成为服务读者的温馨家园。

服务文化表现在以下几方面。

1. 服务礼仪文化

微笑服务是最基本的服务礼仪,这是所有服务行业倡导的服务规范,高校图书馆更不能例外,因为读书要有个好心情,微笑服务能使读者产生愉悦感,同时,馆员也能从读者的愉悦反馈中产生被人认可的工作乐趣。衣饰、举止、谈吐也是服务礼仪的重要组成部分,馆员以其整洁的衣饰、得体的举止、文雅的谈吐、和蔼的态度,使读者在得到服务的同时还得到美的享受,提升高校图书馆文化的品位和格调。因此,高校图书馆可以通过制作统一的馆服、规范礼貌用语和行为方式等途径,来全面提升高校图书馆的服务礼仪文化。

2. 服务艺术文化

任何一种服务都是一门艺术,茶楼的传统茶道,传呼小姐甜美的嗓音,调酒师潇洒自如的手势,旅店、商场迎宾小姐(先生)的礼仪,无不给人以美感。

高校图书馆也要创造自己的服务艺术,也就是创造自己的服务特色。服务人员要熟悉馆藏及其分布,当回答读者咨询时,可以如数家珍、举一反三。还要研究与分析读者心理,以便合情、合理、合人、合境地解决读者提出或遇到的问题。

3. 服务品牌文化

服务行业一般都非常注重培养本行业的服务品牌。高校图书馆也可以塑造自己的服务明星,树立起高校图书馆服务品牌形象。榜样的力量

---

① 周博,梅昊.高校图书馆服务文化构建研究[J].宿州学院学报,2019,34(10):24-26+39.

是无穷的。如果说价值观念是高校图书馆文化的灵魂,那么,榜样则是这种价值观念的化身,他们为高校图书馆员提供了有形的学习楷模和活生生的样板,以生动具体的形象体现了高校图书馆文化的精髓,把抽象的精神层面文化具体化,对高校图书馆文化的成型与强化起着重要作用。高校图书馆的服务品牌形象分个体形象和整体形象。个体品牌形象是通过发掘和培养部分馆员来树立的,他们具备以下特点:一是思想品质好,工作勤恳,具有开拓进取精神;二是具有良好的职业道德,言行规范;三是有能力担负起高校图书馆现代化建设、服务和管理的重任;四是文献信息知识结构合理,专业方向明确;五是具有较高的计算机、外语和通信技术等方面的技能;六是具有较强的语言表达能力、写作能力和交际能力等,并已在读者中享有赞誉。他们代表高校图书馆文化的伦理,是高校图书馆文化的支柱和希望,表彰和宣传他们的精神业绩,会影响和鼓舞一大批馆员,提高高校图书馆的知名度,对外作为服务品牌的宣传形象,对内作为全馆学习的楷模,达到互帮互学、提高高校图书馆整体服务水平,并最终树立起高校图书馆整体品牌形象的目的。

二、高校图书馆形象建设

进入 21 世纪后,如何形成高校图书馆事业发展新的推动力,是高校图书馆人迫切需要解决的问题。而创建高校图书馆文化、塑造良好的高校图书馆形象正是解决这一问题的关键所在。

在高校图书馆中,文献是基础,馆员是本体,而文化是灵魂,因此可以说,有什么样的高校图书馆文化,就有什么样的高校图书馆形象,高校图书馆文化的特点和风格,决定了高校图书馆形象的特点与风格;高校图书馆文化的好与坏,也就决定了高校图书馆形象的好与坏。高校图书馆自身状况是高校图书馆形象塑造的客观基础,所谓高校图书馆的自身状况,包括服务水平、服务质量、外部环境及设施、高校图书馆员工行为等外显性的形象表征。塑造高校图书馆形象的关键和前提条件是塑造好人的形象,人是高校图书馆文化建设的根本。在当前以技术为主导的环境中,要求高校图书馆形象的塑造应重视人文意境的建设,体现人文关怀。

(一)高校图书馆形象的意义和作用

良好的高校图书馆形象是高校图书馆的无形财富,会成为高校图书馆的无价之宝,不仅会产生巨大的社会效益,还会产生巨大的经济效益。在高校图书馆文化体系中有着非常重要的作用。

第一,良好的高校图书馆形象,可以使其得到广泛支持。通过提高高校图书馆形象,使广大读者对高校图书馆的工作满意度提高,使其在社会中的地位得到广泛的肯定,从而使高校图书馆的各项具体工作得到有力的支持。

第二,良好的高校图书馆形象,可以吸引更多的读者。重视高校图书馆的形象建设,可以引导更多的读者认识高校图书馆、光顾高校图书馆,争取读者的信赖和满意,从而吸引更多的读者利用高校图书馆的信息资源。

第三,良好的高校图书馆形象,可以增强其凝聚力。好的高校图书馆形象可以使全体工作人员产生与高校图书馆荣辱与共的思想,赋予工作人员自豪感,从而使其产生强烈的责任心,自觉地把自己的言行与高校图书馆的形象联系起来,热爱高校图书馆,献身高校图书馆事业,形成强大的集体凝聚力。

第四,良好的高校图书馆形象,可以使其广纳贤才。高校图书馆作为信息社会的重要支柱,承担着繁重的信息服务和文献资源中心的建设任务,同时由于现代科学技术的迅猛发展及新技术、新设施在高校图书馆中的应用,使高校图书馆面临着人才短缺的困境,特别是高水平的专业技术人员的短缺。但众所周知,由于高校图书馆的公益性本质,高校图书馆的经济效益和社会地位一直不高,对优秀人才缺少吸引力。良好的高校图书馆形象在很大程度上可以改变这种状况,可以吸引更多的人才从事高校图书馆工作。同时,优秀的人才又往往赋予高校图书馆新的生命力和活力。

第五,良好的高校图书馆形象,可以使各类型高校图书馆之间建立相互信任的合作关系,信息社会越来越重视信息资源共享,高校图书馆各自为政的时代已经过去,各类型高校图书馆之间、各区域高校图书馆之间的合作与资源共享已成为趋势,树立良好的高校图书馆形象,获得社会和主管部门的认可,将资源共享的合作项目放心交给本高校图书馆,可以促进本馆各项业务的发展。

(二)高校图书馆形象塑造

高校图书馆形象的塑造,即高校图书馆识别系统,是把高校图书馆的服务理念与精神文化运用于行为活动、服务工作、感官视觉等方面,以获得读者用户的认同和赞誉,从而树立起良好的高校图书馆形象。此系统的关键是以服务理念为核心,对包括高校图书馆内部管理、服务关系、服务宣传、服务拓展等各个方面进行组织化、系统化、统一化的处理,力求高校图书馆在所有方面以一种统一的、具有个性特点的形象展现于读者用户面前,增强高校图书馆形象的传播力和辐射力。由此可见,高校图书馆识别系统是基于文化层面上的一整套涉及方方面面的系统工程,它包括三个子系统,即理念识别系统、行为识别系统、视觉识别系统。

在高校图书馆形象塑造系统中,视觉识别系统是最外在、最直观的部分,是高校图书馆识别系统的静态识别符号,是具体化、视觉化的传达形式。重在突出高校图书馆个性特征,发挥形象效应。它要求高校图书馆的新理念,借助静态的、具体化的、视觉化的传播形式,有组织、有计划地传达给社会公众,让社会公众十分清楚地掌握其中传达的信息,达到识别、认知的目的,从而提高高校图书馆的知名度。在实践中,它以体现高校图书馆行业特征的象征图案作为统一的高校图书馆标志,采用统一的导引系统、文字规范、标准色和吉祥物等为基础,设计高校图书馆的各种外观,包括建筑外观、环境美化、室内装饰、服饰标牌、馆旗、馆徽、办公用品及服务用品等。各要素之间保持色调和风格统一,达到"形散神聚"的效果。运用高校图书馆独特的视觉识别手段,并将信息向外界传达,从而立竿见影地树立起一个鲜明的高校图书馆视觉形象。统一视觉形象对塑造高校图书馆形象至关重要。它是从人们视觉的角度,使高校图书馆的形象在社会公众的心目中留下难忘的印象。视觉识别系统在企业 CIS 战略中起到了很好的效果,国际著名企业无一不在这方面别出心裁,刻意造型。

肯德基、麦当劳快餐在全世界统一的成套标志,甚至包括规范化的店内装饰,醒目而鲜明的形象,让人印象深刻。高校图书馆在视觉上要做到以下几点:高校图书馆的建筑要具有人文意蕴,设施要给人以秩序美、对称美,色彩应体现高校图书馆性质的色彩意境——典雅与柔和,人气氛围要迎之以笑、待之以礼等,高校图书馆的象征物是高校图书馆文化的可视性象征之一,充分体现了高校图书馆的个性,高校图书馆象征物是高校图书馆作为一种文明、智慧、进步的结晶奉献给社会,显示高校图书馆的文化风格。

(三)高校图书馆形象营销

建立良好的形象,一定要有一整套科学的营销手段,高校图书馆的形象才能深入人心。美国市场营销权威菲利普·科特勒认为:"营销是一种企业功能,它辨认现时还没有得到满足的需要和欲望,规定和衡量它们的范围大小,确定一个能够最好地为其服务的目标市场,以及决定服务于这些市场的适当的产品、服务和计划方案。因此,市场营销是联结一个社会需要和它的行为反应形式的纽带。企业如果没有对其产品和服务进行充分的营销,那么他们就不可能有广泛的用户群,也就不可能有高额的利润。"营销经历了几个阶段,起初企业只是对其生产的产品进行推销,20世纪 60 年代,提出了消费观念营销,即顾客需要什么,企业就生产和销售什么,到 20 世纪 80 年代,营销观念得到进一步发展,公共关系和企业形象也成为市场营销战略的组成部分。形象营销是指基于公众评价的市场营销活动,是企业在市场竞争中,为实现其目标,通过与现实已经发生和潜在可能发生利益关系的公众群体进行传播和沟通,使他们对企业营销形成较高的认知和认同,从而建立企业良好的营销形象,形成企业营销宽松环境的管理活动过程。

高校图书馆在社会文化中的角色和重要性是毋庸置疑的,从它悠久的历史和不断更新的功能便可以看出,但是在信息化社会它却面临着极大的挑战,必须改变经营战略来迎接生存挑战。产品制造商要营销他们的商品,因为他们知道用户不是一开始就知道其产品的功能和质量的,高校图书馆也一样,不能想当然地认为用户应该了解高校图书馆所提供的信息和服务。因此可以将经济学中市场营销的理念和原则应用于高校图书馆的形象营销过程中。

1. 降低用户利用高校图书馆的成本

用户利用高校图书馆的成本不仅包括各种经济费用,还包括时间、精力、体力的支出。一个成功的高校图书馆应该提供那些个人无法买得起的信息资源,并且提供一种对大多数用户来说容易获得信息的机制。就高校图书馆来说,降低用户利用高校图书馆的成本,方便用户使用高校图书馆资源,应当从以下几个方面入手。

(1)降低服务费用

由于高校图书馆的公益性质,关于高校图书馆的某些服务项目收费的问题,一直是国内外业界激烈讨论的问题,不收费,很多项目会因为经费不足无法维持下去,收费又存在与高校图书馆的公益性质矛盾和收费会不会引起用户流失等问题。因此,高校图书馆应当尽量从别的渠道来筹措资金,如通过向企业拉赞助、向上级主管部门申请项目开发和维持资金等。如果把高校图书馆作为一项纯粹的公益事业来经营,就必须把它纳入社会公益机制,为其提供维持其管理和服务的费用。同时,高校图书馆在开发信息产品时,也应当注意开发成本的问题,尽可能利用一切免费资源等,这些都可以降低高校图书馆的服务费用。

(2)节省用户的时间和精力

高校图书馆的首要任务就是"节省读者时间",高校图书馆提供有序的文献信息服务,主要目的是节约到馆读者查找文献的时间。尤其是到了信息化社会,铺天盖地的信息和方便的搜索引擎给人们查找带来便利的同时,也给人们增加了准确查找所需信息的困难。高校图书馆应该对传统的服务模式进行重组,将以文献管理为中心的传统服务模式转变到信息处理、信息开发、信息服务的组织架构上来,并建立起科学、高效的新型业务和相应的组织模式,如信息共同体模式。将相关专业的印刷型、电子型、音像型和网络型的各种载体的信息资源集中置于一室,实现物理文献和数字化信息的借、阅、宣传、导读、检索、咨询一体化服务,从而使用户在一个场所,能以最短的时间、最简便的手续获得最大的收获。

(3)致力发展数字馆藏

数字高校图书馆的出现正在改变高校图书馆用户的很多方面,如阅读习惯、查找资料习惯等,数字高校图书馆和传统高校图书馆相比,有一个比较明显的特点,就是具有很强的整体性。虽然每个个体数字高校图书馆有相对独立的存储空间、数字文献、专业人员队伍,但是都不能脱离其他数字高校图书馆群体而单独存在,必须与其他数字高校图书馆共同发展和繁荣。总的来说,数字高校图书馆有四项特点:一是信息资源数字化,即传统高校图书馆馆藏的数字化、电子出版物、网络数字资源都可以成为高校图书馆的信息资源;二是信息传递网络化,即通过互联网,把分散在各地的网络资源有效地连接起来,打破了时空的约束,使用户能够在网络所及的任何时候、任何地点,以多种方式获取所需的信息资源;三是信息资源共享,即人们可以借助网络,实现那些存储在世界各地的数字资源共享;四是信息提供知识化,数字高校图书馆提供的不只是信息,还能够提供附加值更高的知识以及"知识导航"服务。但是数字高校图书馆的实现并不是一朝一夕的事情,所以很多学者提出了复合高校图书馆的概念,即在传统的高校图书馆中发展数字资源,这种发展包括引进已开发好的各种数据库和将自身的特色信息资源数字化。这样既可以免除单纯地等待数字高校图书馆的实现,又可以利用先进的信息技术和网络技术,开发高校图书馆信息资源,使其发挥更大的作用,相信一个网络数据库不能使用要比用户借不到一本书的影响大得多。

2.与用户的交流与互动

用户研究既然是高校图书馆的主要研究内容之一,研究理论必然应用于实践,实践就是高校图书馆要加强与用户间的沟通与交流互动,具体包括以下几方面。

(1)听取用户意见

高校图书馆主要是为用户服务的,用户的意见对高校图书馆至关重要,高校图书馆应当在高校图书馆信息资源建设和服务等工作中,充分听取用户的意见,建设适合广泛用户的信息资源体系,提供用户满意的信息产品和服务项目等,传统高校图书馆的做法是实行"首问必答"制,用户在高校图书馆问到的第一个馆员,应当认真听取用户的要求,并就被问的事项给予热情、耐心、细致、完整的解答。如果对被问的问题不甚了解,应指导用户去咨询有关人员。无论是传统高校图书馆、复合高校图书馆,还是到了数字高校图书馆时代,用户踏入高校图书馆,都是希望得到热情接待的,所以,只要有实体高校图书馆的存在,这种做法就应当保存下来。

(2)正确处理用户意见

再完美的高校图书馆也可能存在让用户不满意的地方,在高校图书馆与用户的交流互动中,高校图书馆领导应当充分意识到这一点,不能一味地让馆员迁就用户的意见,应当正确解决这种矛盾。很多馆设立馆员委屈奖,给那些在用户面前忍气吞声的馆员,其实这种做法也得区别对待。如果用户的意见是正确的,馆员无所谓委屈;如果是无理的,馆员则有义务承担对用户的教育任务,使用户了解高校图书馆的立场和原则,同时引导用户遵守信息伦理道德,不能任意滥用便利的网络技术市场,在网络上诋毁高校图书馆的形象。

3.高校图书馆的对外形象营销

高校图书馆的目标应该放眼社会,让更多的公众了解高校图书馆,把更多的潜在用户发展成为现实用户。主要措施包括以下几方面。

(1)注重高校图书馆网站建设

如同高校图书馆的外观和造型是传统高校图书馆的形象代表一样,高校图书馆网站,是网络信息时代高校图书馆的一个面孔。建立一个实用、简洁、美观的网页将会吸引更多人的目光。高校图书馆网站是高校图书馆的对外形象,且不论其提供的信息服务产品和服务项目的质量如何,怎么能在多如牛毛的高校图书馆网站中脱颖而出,吸引网络浏览者的目光,使他们开始关注高校图书馆的信息产品和服务就是一件很不容易的事。当然,外表只是吸引人的一种手段,要想留住用户,依靠的还是网站为用户提供的便捷、稳定、安全、可靠和高质量的信息服务。

(2)鼓励馆员参加学术会议和发表学术论文

各种类型的学术会议是馆员们相互交流、学习和宣传各自高校图书馆的重要平台。高校图书馆员如果各自限定在自己的小天地里,永远不知道别人是怎么利用新技术,开发新产品的,由于固定的用户群和人们利用高校图书馆的习惯已经形成,高校图书馆很难从本馆用户需求这一方面开发自己的新产品,这从高校图书馆的利用率也可见一斑,高校图书馆非常重视专业数据库的建设和高水平专业文献的收集和开发。高校图书馆在用户的心目中是不能提供高层次信息服务的,用户在研究过程中,更多的是依靠自己的力量从外国或者许多其他信息渠道来获取自己所需的信息,所以高校图书馆应当加强学术研究,高校图书馆如果能够承办各种大型学术会议,承担高级别的科研项目,馆员们能撰写大量的高水平的学术论文,相信更能吸引高水平的用户来利用高校图书馆。另外,高校图书馆通过各种方式,培养高校图书馆员成为高校图书馆界有一定知名度的专家,这种专家也是以承担各种科研项目和发表高质量的学术论文作为主要评价标准的。有了知名度高的专家,就能为高校图书馆争取更多的科研项目,也就更能激发高校图书馆员的创造力,提高高校图书馆的学术形象。

(3)和大型的搜索门户网站合作

信息社会,高校图书馆信息产品的营销就需要高科技的手段,通过与大型搜索门户的合作,在其搜索网页上建立高校图书馆网站索引,这只是一种大众化的合作,还可以进行进一步的深度合作,如将高校图书馆的馆藏目录与信息资源在搜索门户网站上建立链接,尽管不能完全提供全文信息资源,但可以让用户了解高校图书馆提供的信息服务和信息产品,引导用户利用高校图书馆资源,高校图书馆的馆员应当利用自己的专业知识和对信息技术的掌握,在网络上写"博客",介绍本馆的信息资源、信息产品及服务特色,也可以写自己的工作体会、查找资料的经验等,将反映高校图书馆内外风貌的图片上传到网络中,供人分享,也可以将高校图书馆的视频资料上传到网络中供人点播,还可以将介绍高校图书馆情况的演示文稿以 PPT 格式上传供人下载,这些虽然很多是高校图书馆员的个人行为,但现在很多人也愿意相信个人经验,所以这些措施能吸引很多的潜在用户利用高校图书馆的服务。

在市场经济中,营销是处理竞争最重要的武器。高校图书馆通过形象营销,不仅可以巩固其在信息社会中保存信息和提供信息的地位与作用,用丰富的信息资源和完美的信息服务与产品将那些不再愿意利用高校图书馆的用户吸引回来,同时吸引大量的潜在用户变为高校图书馆的现实用户,为高校图书馆的自身发展赢得更大的空间

第二节 高校图书馆的学术性文化服务

图书馆是大学学术性服务机构。这决定了它的学术性服务功能。在第一章中,我们曾论述过图书馆的学术性,正确理解和充分认识这种学术性,是实现学术性文化服务的前提。

一、对高校图书馆学术性的基本认识

图书馆最重要之处是它动态发展地存储着的文献资料(包括光盘资料、声像资料)、所建立的计算机网络系统能提供有价值的知识(信息)。这些知识有很高的学术含量,是人类认识世界、改造世界的宝贵精神财富,也是人们有所发明、有所创造的资料前提。高校图书馆的设置本来就是为弥补课堂教学不足、弥补个人资料欠缺以服务于教学科研的。因此,图书馆的服务从根本上讲,就是学术性文化服务。做好这种服务,必须对图书馆的学术性有足够的认识。

首先要认识高校图书馆所存储的学术成果的纵向性、横向性、创新性

等基本属性。学术是指有系统、较专门的学问,而学问是指能正确反映客观事物的系统知识。图书馆的文献资料有相当大的部分是自然科学、人文科学、社会科学的知识理论,是历史的或现实的学术研究和学术活动的成果。这种成果的属性之一是具有纵向性。所谓纵向性,指的是学术的历史性和继承性。学术发展史告诉我们,所有学术研究都具有从古到今的时间连续性,即学术的历史性和继承性。在基础学科中,尤其如此。这些学科记载着人类上百年、上千年的学术研究成果。现代人要进行学术研究就离不开前人所提供的知识体系。马克思、恩格斯创立的马克思主义学说,就是读千年史、阅万卷书的结果。马克思主义的研究者认为,马克思主义的三个来源包括德国的古典哲学、法国的空想社会主义和英国的政治经济学。马克思写《资本论》时,在英国最大的图书馆——大不列颠图书馆阅读搜集大量从古到今的文献资料。马克思主义的卓越代表人物如列宁、毛泽东、邓小平等,在丰富和发展马克思主义方面,都是一个个承接下来并不断创新的。牛顿的经典力学对爱因斯坦的相对论,也是重要的资料前提。一个搞科研的人,如果对自己所研究的某一领域、某一问题的过去一无所知,对前人的研究成果心中无数,那就只能是猴子捞月,一无所获。

学术成果的又一属性是它的横向性。所谓横向性,是指所有学术研究都具有空间的广延性,即同一时代、同一时期对某个问题的研究往往有无数人在参与。参与者不管是否熟悉、是否合作,在自己的研究中一方面要继承前人的成果,另一方面更要了解研究的现状,以便借鉴他人的经验,相互学习。越是开放的时代,越需要这样的开放意识和开放姿态,让科研成果特别是自然科学或技术成果为人类共享,推动社会进步,高校图书馆不仅是历史文献的存储地,也是学术动态和最新信息的采集场,它可以凭借对资料的熟悉和对信息的敏感,把世界范围内与本学校密切相关的最新资料信息收集进行整理,提供给广大的师生读者。这样的举措,不仅有利于本馆的知识储存和资料质量的不断提高,而且避免研究者的重复劳动,有利于他们及时把握动态,选择有价值的课题,并且少走弯路,事半功倍。科学没有国界和地域的限制,尤其是自然科学。例如,19世纪初,欧美不少国家采用弧光灯来照明,这种灯不但耗电大,而且会产生有害气体,一般不适合家庭用。爱迪生在研究这个问题时,翻阅了大量的图书资料,结果发现要使电灯能照明,改进灯丝是关键。于是他吸取别人的教训,集中精力,寻找做灯丝的最佳材料,终于研究出了白炽灯。如果他不阅读资料,不了解同一时期的研究方向,就找不到改进灯丝这个关键,也就不可能获得成功。相反,美国通用公司耗巨资搞人工降雨,后来发现美国国内早在20年前已有人做了同样的研究实验,并有成熟的总结材料,由于文献资料提供工作不力,造成了重复研究。从这个意义上说,图书馆可以帮助人们将研究眼光既投向历史深处,也投向广袤的现实世界。

学术成果的另一重要属性是创新性。创新是指能想出新办法,建立新理论,做出新的成绩,同时具有发明、发现、创造、前进、推陈出新等多层意思。在历史的长河中,每一时期、每一学科的进展,都是当时有一定学识水平的人们对前人已经有过的东西加以改造和创新的结果,这种创新有的是探索新理论、提出新观点和新解释;有的是观察新现象,研究新问题;有的是研究新教材、新工艺和新方法;有的是寻求事物发展的新规律;有的是从发展、提高的角度对原有的东西做一些订正、改进、深化和提高准确度的工作。总之,技术创新、理论创新、知识创新、思维创新、方法创新,都会有新的成果。按照创造学的观点,知识的重新组合也是创造。因此,图书馆收藏的有价值的成果是代代推陈出新的学术成果。这些成果显然能给人一种明白无误的启示:只有走创新之路,才有学术的进步。当今知识更新、科技更新的周期越来越短,人们更应该从图书馆获取新知识,更多地了解学术研究的新成果,从而有所创新。并且,图书馆的文献资料特别是一些创新的经典著作具有很高的权威性和导向性。

其次,要认识图书馆是为科学研究服务的学术机构,它以学术性保证其特定的服务性。教育部颁布的《普通高等学校图书馆规程》中明确指出:"高等学校图书馆是学校的文献情报中心,是为教学和科学研究服务的学术性机构,它的工作是学校教学和科学研究工作的重要组成部分。

这就说明图书馆的性质是学术性机构,其任务是为教学、科研服务。"

图书馆的学术性服务表现为强化信息职能和教育职能。图书馆不但要对文献资料进行全面采集,还要根据学校教学、科研及读者的信息需要、知识需要,对文献资料的内容进行研究、挖掘、整理,以文摘、提要、翻译、索引、二三次文献等多种形式和渠道,迅速而准确地传递给读者,支持教学和科研。图书馆人员要做好这些工作,不能只是简单地将原始文献资料进行登记、编目、建卡,还必须进行细致而复杂的研究工作。因此,高质量的服务离不开学术性的工作,离不开创造性的学术性研究。

图书馆是学生的第二课堂,许多读者在图书馆自学,不断充实自己,获得课堂上、课本上学不到的东西。从这个层面上讲,图书馆要发挥它的教育职能,就要熟悉和掌握学校所开设的专业学科和科研课题,参与有关教学和科研活动,做到情况明了,心中有数。只有这样,才能密切结合教学和科研向读者提供有关专业的文献内容,提供相关基础课、公共课的文献知识。这些都是学术性很强的工作,不是图书馆某一部门的责任,而是图书馆整个工作的主体和重点。因此,强化图书馆的信息职能、教育职能和服务职能必须以学术性工作为前提和基础。离开了学术性,就离开了图书馆应有的服务性。

高校图书馆为了适应现代高等教育的需求,必须加快现代化进程,拓展服务新领域,提高服务层次,向管理现代化、服务多样化、检索自动化的方向迈进。视听、缩微、光盘数据库、多媒体、计算机网络等现代化"硬件"设备已经普遍使用,而图书馆学术性的工作内容是现代化建设的"软件"部分。"硬件"与"软件"是"两只有力的翅膀",缺一不可。"软件"部分的学术性工作具有很强的开发性和创造性,是现代化图书馆工作的主要内容。现代化技术设备是进行这一工作的手段和工具。只有加强和突出学术性的工作,先进的现代化设备才有用武之地,它的优势才能得到充分的显示和发挥。因此,图书馆学术性工作是现代化技术设备充分运用的先决条件,同时还能促进现代化技术水平的提高。先进的现代化技术设备反映出学术性工作内容的实质,能提高学术性工作的水平和质量。学术性的工作内容与现代化技术设备在图书馆工作中相辅相成、相互作用,给图书馆带来勃勃生机。

再次,图书馆学是对图书馆进行学术研究的知识结晶体。科学是知识的体系,关于图书馆的系统知识便形成了一门独立的科学,即图书馆学。图书馆不但为教学、科研提供针对性的服务,而且从事图书馆学的学术研究,研究图书馆、图书馆工作和图书馆事业的发展规律,以便图书馆更好地为读者服务。图书馆开展自身的学术研究,有利于提高图书馆的学术地位和水平,树立多功能的学术机构的新形象;有利于提高图书馆人员的素质和能力,调动大家的科研积极性和创造性;有利于指导工作实践,不断提高服务水平。图书馆进行自身的学术研究,有得天独厚的条件,例如丰富的资料,专业性强、先进的技术设备,水平较高的专业人员,良好的学术交流环境。学校有专门的科研机构,有专门的科研人员,也有一大批边教学边科研的教师、教授。他们为了及时地交流信息,报告研究工作的进展,了解校内外同行的情况,经常召开各种形式的学术报告会、讨论会,或到外校、外国去访问、讲学、出席学术会议,或请国内外专家到校来讲学等。形式多样和内容丰富的学术交流活动,使学校和图书馆形成一种浓厚的学术气氛和科研环境,这对于图书馆人员活跃思想、启迪思想、加速科研进程、提高科研水平都极为有利,对图书馆培养研究型人才、综合型人才起到重要作用。

二、高校图书馆的学术服务性

为读者服务是图书馆的天职。图书馆的职能和社会价值,图书馆的知识性、学术性、教育性等都是通过服务性体现的。美国的谢拉说:"图书馆事业首先是服务性事业,从其创立之时起始终是这样。"在认识图书馆学术性的同时,还必须充分认识图书馆的服务性。图书馆的服务性包括以下几个方面。

(一)服务的广泛性

服务的广泛性表现为服务对象的广泛性和服务内容的广泛性,即学校的所有师生和图书馆的所有文献资料都在服务的范围之内。为了搞好服务，必须克服"重藏轻用"的传统观念。馆藏文献资料只有被读者充分利用，最大限度地满足读者需要，它的价值才能转化为社会价值。图书馆藏书再多，只能代表它的实力和可能产生的社会影响，要真正维持它的生存和发展，关键在于它拥有多少读者，能为读者提供多少文献服务。学生是学校的主体，要把学生培养成全面发展、一专多能的人才，除了课堂教学外，图书馆也是学生成才的重要场地，是课堂的最佳延伸，它能提供给学生多方面的学习内容，帮助学生充实和丰富自己。图书馆的服务对学生有如下作用。

学生为了理解、掌握和运用教师课堂讲授的知识内容，需要参阅有关的图书资料和报刊。图书馆提供与学科知识相关的图书资料，帮助学生消化、加深课堂知识，真正把教科书上的知识、教师讲授的内容吸收转化为自身的知识和技能。

学生在学习过程中总会碰到一些疑难问题，通过借阅图书资料，学生才能"解惑"，才能从"解惑"中发现新的观点、新的知识，增强创新能力。

大学的教学过程不只是课堂教学，还有一些以学生为主体的教学环节，如课外作业，预习新课，准备课堂讨论的发言，撰写毕业论文、学术论文，参加社会实践等，这些都需要查阅图书馆的图书资料。

业余文化生活及大学文化活动对学生的成才有着不可低估的作用。学生几乎天天都要阅读书报杂志，从中了解他们关心的时事政治、重大事件、国际风云、社会现状甚至风土人情、生活常识等。尤其是文艺作品、历史丛书、文化丛书、科技丛书以及各种声像资料，都是学生喜爱的文献资料。网络开通后，上网学习的人更多。这些课外文化活动对培养学生一专多能、形成鲜明个性十分重要。因为学生在课堂上接受的东西基本上是一样的，而课外阅读就完全不一样了，一般是各取所需。在培养研究生方面，图书馆的作用更为突出。研究生教学不同于本科生教学，教学方式和教学内容均有差异，强调教学与科研相结合，学位课与选修课相结合，导师指导与个人独立钻研相结合。因此，研究生必须到图书馆博览群书，图书馆则必须提供相应的优质服务。

教师的主要任务是"传道、授业、解惑"。这就要求教师必须全面提高思想素质、道德素质、科学文化素质、能力素质等,成为为人师表的贤者和知识渊博的学者。在业务上要"专"与"博"相结合,并尽量优化自己的知识结构。常言说:"要给学生一碗水,自己得有一桶水。"要满足这种需要,就必须得到图书馆的良好服务。时代在前进,知识在更新。那种"一本教材讲到底、一本教案用到底"的时代已经过去了。因此,图书馆应通过自己的有效服务,成为教师知识更新的重要阵地,成为提高教学质量、产生高水平科研成果的"能源"基地。

这里所说的领导主要是学校的各级领导,管理者既包括领导,也包括从事管理工作的师生。这部分人的素质是办好学校的关键。要办一流的大学,就要有一流的领导和管理者。这些人只有具备崇高的思想品德,无私的奉献精神,渊博的专业知识,卓越的管理才能,平易近人、以理服人、脚踏实地的工作作风,才能在群众中树立威信,有感召力。党中央提倡"讲学习、讲政治、讲正气"的"三讲"教育,为什么把"讲学习"放在首位?因为它是讲政治、讲正气的基础。这里所说的"讲学习",不只是政治学习,也包括科学文化知识学习。

它不是权宜之计,而是长远之策。党中央号召各级领导干部要做到"三严三实","严以修身"是基础,"严以用权"是核心,"严以律己"是根本;"谋事要实"是前提,"创业要实"是关键,"做人要实"是保证。列宁曾经说过:"只有用人类创造的全部财富来丰富自己的头脑,才能成为共产主义者。"尤其是在知识密集、人才集中的高校图书馆工作,没有广泛、全面、良好的知识结构,是难以胜任的。一个不读书、不看报、只凭经验办事的领导和管理者是注定搞不好工作的。图书馆在"为人找书"的服务工作中,应加强对领导者和管理者的服务,使他们读到好书,用于实践,成为热心的读者。

(二)服务的时效性

时间就是生命,时间就是效率。搞好服务工作必须注意工作效率。

实行双休日制度后,工作日减少,每日课时量相对增加。在法定的工作时间内,除了上课外,师生的课余时间相对减少,而全年的休息时间相对增加。一年50多周,学生在校期间的双休日和节假日至少有80多天。学生到图书馆一般都是利用午休、晚间、双休日和节假日等。大学教师一般不坐班,不上课的时间正是到图书馆学习的最好时机。如果图书馆按法定的要求每天工作八小时,每周工作五天,双休日和节假日不上班,就难以满足读者的需要。读者满意与否是衡量图书馆工作好坏的试金石,因此,应采取多种措施满足读者的要求。一是调整工作时间,师生上课时休息,只留少数人为师生服务。如果要延长工作时间,就必须按国家规定给报酬。二是一线服务岗位按两班或三班制配备工作人员,保证读者服务工作全天候进行。同时,全面推行计算机管理,使借阅工作提高效率。

读者一般对新书都比较感兴趣,但有些书价格昂贵,图书馆要多买不可能,因此,必须加快流通频率,让更多的读者及时读到。严格借阅制度,缩短借阅期限,本馆职工不得借工作之便长期借阅或扣留新书。也可将新书只进行验收登账,暂不进行编目加工,直接调往学生阅览室,由阅览室的工作人员按批管理,学生凭借阅证在规定的时间内借阅,不得携出阅览室,教师也不得长期借阅。在阅览室放置一段时间后,再把新书送回采编部进行编目加工。任何有用之物都有一个生效、增效、稳效、降效直到最后失效的过程,图书资料也是一样,会随着时间的推移逐渐老化,这就是常说的"文献老化定律"。因此,加快图书的流通频率也是提高图书使用效益的好办法。

专业人员对原始文献进行深度加工,即进行信息加工整理,使原始文献变成更有序的浓缩信息,输入计算机,让读者通过网络自己查找,节省读者的时间和精力。

(三)服务的主动性

变传统的被动服务为主动服务,吸引更多的读者到图书馆,这是图书馆服务性的重要方面。

图书馆应加强宣传和导读工作,及时向读者介绍入馆新书、馆内新的服务举措以及热门图书的出版信息。特别是采取多种方式向读者推荐好书。俄国作家车尔尼雪夫斯基说过:"凡是好书必定会在读者心中唤起真善美。"著名作家老舍先生指出:"一个藏书多而用书少的图书馆不见得是好图书馆,一个用书多而不教人民怎样用书的图书馆,也不见得是好图书馆……一个理想的图书馆或者应该是这样的:它会指导读者读什么书和怎样读。"因此,图书馆应大力开展导读工作,帮助读者对各种图书进行严肃认真的选择,以便获取更加有用的知识。

图书馆订购文献资料(包括声像资料、光盘资料)不能凭个人主观感觉,依据表面现象来决定,要坚持集思广益,尽量征求各个部门、各个专业的专家、学者、教师、学生等多方面的意见,让学校用有限的图书经费,买到满足学校专业设置、课程设置、学科设置以及教学、科研等各种需要而且有较强可读性、学术性的文献资料。

图书馆应主动到各个院、系、专业开展上门服务,把与专业相关的教材、教参、资料等及时提供给他们,特别是与专业相关的学科发展、学术成果、最新研究动态的报纸杂志介绍给他们。当然,这样的服务必须按借阅程序办理。

图书馆应经常而广泛地征求读者意见,可召开座谈会,让他们提合理化建议。对图书馆人员搞民意测验,不断改进服务工作和服务态度,做到文明服务,礼貌服务,平等待人,平易近人,让图书馆成为"读者之家"。

三、高校图书馆的学术文化服务

图书馆的主要工作是藏书工作和读者服务工作。服务工作主要是围绕学校的教学、科研、文化活动开展的,包括阅览服务、外借服务、咨询服务、定题服务、检索服务、复制服务、编译服务、网络服务、报道服务等。随着图书馆事业的不断发展,服务工作也将不断得到发展和完善。怎样来开展这些服务呢?

第一,利用图书馆的书刊阅览室和声像阅览室、电子阅览室,组织读者开展阅读活动。这里主要说的是书刊阅览,它比外借服务具有更多的优越性。阅览室一般都有种类多样、内容新颖且可读性强的书刊资料和报纸,可以自由选择,不受限制,必要时还可摘录抄写在笔记本上,用复印机复印所需资料,也可利用缩微阅读机、视听设备、上网等来阅读资料。在阅览室读书由于受有限时间和空间的限制,在满足读者需要方面就必然有一定的局限性。

第二,将馆藏服务资料(包括声像资料、光盘资料)借给读者带出馆外阅读,在规定的时间内归还。这种方式读者可以自由安排阅读时间,充分利用所借的资料,不受馆内时间和空间的限制。除个人外借外,还可集体外借、馆际互借、国际互借、预约借书、邮寄借书、馆外流通借书等,尽量满足读者的各种需要。

不足之处是外借对象有可能把书丢失、污损或不按时归还。因此,对外借对象要确定一定的范围,要办借书证,并有严格的条件限制,包括种、册、期限、借书要求等。

第三,对读者在研究课题中提出的疑难问题,组织专业人员利用参考工具书、检索文献及有关图书资料帮助查询;或者直接提供有关文献资料及文献线索,以个别解答的方式来满足读者的需要,这种服务就是咨询服务。读者可以用面谈、电话、书信、电子邮件和留言等方式向图书馆的咨询部门或咨询人员提出咨询要求。咨询服务内容一般分为事实咨询和文献咨询两大类。事实咨询是以名词、术语、人物、事件、数据等为主的咨询;文献咨询一般是以某一学科、某一专题为内容的咨询。这种服务最能满足读者解答疑难问题的需要。由于馆内图书资料很多,且有的积年已久,有的人不会利用工具书,有的人对馆藏不够熟悉,很难及时准确地找到。这种服务要求图书馆的咨询人员要有渊博的知识,包括外语知识、古汉语知识,而且要对馆藏文献资料非常熟悉,掌握现代化图书馆技术。

第四,图书馆的专业人员根据读者课题的需要,从大量文献中为读者迅速查出与课题有关或有用的文献。咨询服务的重点是就疑难问题帮读者查找未知的文献资料;检索服务是帮助读者就提出的课题查找读者已知的文献资料。文献检索服务对于科研有着十分重要的意义,它可以为读者节省时间和精力，使科研人员在短期内获得他们所需要的有关资料。文献检索主要有手工检索、半机械化检索、计算机检索。这种服务要求图书馆的专业人员必须具有文献检索的专业知识和能力，特别是后两种检索要求更高。

第五，图书馆的咨询部门和咨询人员根据读者的需要，以重点研究课题和亟待解决的问题为目标，深入下去，进行跟踪服务，直到课题完成为止。这是一种高层次、带有连续性的综合服务。这种服务要求服务者与被服务者互相配合。服务者要主动了解科研的进展情况，主动地、定期或不定期地向被服务者提供最新的资料通报。定题服务可分为单个读者定题服务和成组服务。单个定题服务是指同类课题只有一个读者要求服务；成组定题服务是指同类课题有多个读者提出服务要求。

第六，图书馆为方便读者获取有关资料，在国家出版法允许的范围内开展图书资料的复制照相服务。读者可以根据自己的需要复印整本或部分，不仅节省时间和精力，而且复印的资料可以长期保管和使用，也可以借给他人，提高图书资料的利用率。

第七，图书馆的咨询部门根据读者个人和单位的需要，组织专门力量为其翻译、编写外文图书资料，帮助读者克服语言障碍。这种服务不但节省了读者的时间和精力，而且充分发挥了外文图书的使用效益。

编译服务一般有两种形式：一种是照原文直译，译文通畅准确，译者不能随便增删词语；另一种是编译结合。译者汇集若干同类外文著作，经过语言加工，去粗取精，消化吸收，用自己的语言加以表达，成为一篇完整的文献。这种服务要求服务者不但要有很高的外文翻译能力和编辑能力，而且要经常学习新知识，掌握新的科研成果和新的学术动态。

第八，图书馆使用声像视听设备为读者服务。视听资料包括各种录音、录像带、光盘以及幻灯片、电影胶片等。阅览方式有自选式和指定式两种，自选式适合个人收看，指定式适合群体收看。目前，图书馆的视听资料正在不断增加，涉及文艺方面的视听资料在市场上比较繁杂，在选购时应严格把关，对盗版的、黄色的视听资料应杜绝。

第九，图书馆建立计算机网络，让读者从网上获取信息、知识以及相互交流信息。它包括图书馆内设立的网络以及读者个人在家里或寝室与图书馆联网。网上信息能覆盖社会的各个单元，信息量大而新，读者不但能够极其方便快速地获取各种信息，而且还可以进行信息交流、情感交流，对人们的思想观念、生活、工作、学习方式和社会准则及人的全面发展，都将产生深远影响，是最受读者欢迎的服务方式。

第十，向读者介绍最新的图书资料、新的学术动态和科研成果等。让读者根据提供的情况，到图书馆选择自己所需书刊等资料。也可报道读者的学习动态、心得体会等。可用网络、电视、广播、专栏、简报、黑板报等方式进行报道。

第十一，专门组织读者开展读书活动。一般分为四个阶段：第一阶段是宣传动员读者参加；第二阶段是编制推荐书目，利用上网、展览、讲演、讲座、书评等方式，交流阅读经验和心得，进行阅读辅导；第三阶段是读者口头或文字汇报阅读成果；第四阶段是审阅评比，进行总结表彰。这种活动一般是配合学校的主题活动开展的，特别是思想政治教育活动。

这些形式多样的服务活动既是文化服务，也是大学文化建设特别是图书馆自身大学文化精神的有机组成部分。尽管形式多样，但是只要有序化、规范化，就能出成果、出效益。

第三节　高校图书馆人员的文化素养

有人认为图书馆工作就是单纯的借书、还书、保管书，与仓库的保管员和商店的售货员差不多，只要服务态度好，不要求有多高的学历和文化素养。这种认识显然是错误的。因为，如果高校图书馆的工作人员只能做到"百问不厌"而不能做到"有问必答""百问百答"，就不能起到为学校教学、科研服务的积极作用，担当不了"不上课的老师"的职责。其实图书馆的工作是学术性、技术性和创造性都很强的工作，而图书馆的工作人员同样肩负着培养人才的重任，只有具备合理的知识结构和高文化素养，才能提高服务质量。因此,加强和提高图书馆人员的文化素养,是保证图书馆服务质量的必要条件。

一、高校图书馆人员的知识结构与文化素养

综合国力之争,关键在科学技术;科学技术之争,关键在人才;人才之争,关键在人的知识、技能和能力。知识是技能和能力的基础,技能又是能力的基础。提高人的能力,最重要的就是提高人的合理的知识结构和高品位的文化素养。

(一)知识结构与文化素养的含义

知识结构是指人的知识面的广度和深度的有机构成状况,它涉及专业学科知识、相关学科知识乃至百科全书式的知识的互补共生。一般来说,图书馆人员的知识结构有两层含义:一层是指人员的整体知识结构,即学科、专业结构;第二层是指人员的知识面状况,或宽、广、深、新,或窄、狭、浅、旧。

文化素养是指人经后天学习、实践、接受影响而形成的较为稳固的文化意识和文化行为。《现代汉语词典》指出:"素养"是指"平日的修养";"修养"是指"理论、知识、艺术、思想等方面的一定水平"。因此,文化素养应包括政治思想、道德品质、科学文化、生理心理和劳动技能诸方面的能力和水平。

简言之,是人的德、智、体、美、劳等综合发展的总体修养。知识结构和文化素养两者既相互关联又有所区别。文化素养包含知识结构,知识结构是获得文化素养的前提和基础。知识结构更偏重智力才能,文化素养则强调品格行为和综合能力。对于图书馆人员来说,两者都不可偏废。

(二)图书馆人员应有的知识结构

从图书馆的工作要求和工作情况来看,现代图书馆人员的知识结构除扎实的专业知识以外,一般由基础知识和业务知识两部分构成。

基础知识是图书馆人员知识结构的第一层次,既是必须具备的基本知识,也是从事图书馆工作的前提条件。它主要包括以下几个方面。

广博的科学文化知识，这是所有知识的基础，主要包括语文、数学、历史、地理、外语、逻辑、生物、物理、化学等。这当中应当特别重视语言文字（古汉语）和外语的学习和提高。图书馆的许多文献资料和现代化高科技设备，都需要较高的外语水平才能读懂会用。为读者服务，不懂外语，有外语标识的书籍、仪器，就无法使用。现在对外交流扩大，更加需要具备较强的外语能力，以便在外采活动中有的放矢，用得其所。古汉语知识是研究中国传统文化的基础，在参考咨询、定题服务方面是不可缺少的。这些在图书馆人员的知识体系和文化素养中占有十分重要的地位，对形成正确的世界观、人生观、价值观特别重要。

法律法规、政策法令是依法治国的重要内容，图书馆人员也应学习有关内容，以增强法治观念，提高维护图书馆和个人权益的自觉性。

图书馆的文献资料门类繁多，包罗万象，而且新学科、边缘学科（交叉学科）等不断出现。要开发利用好这些文献信息，就应该学习新学科知识，如行为科学、公共关系学、心理学、系统论、信息论、控制论等。

精深的业务知识是图书馆人员知识结构的核心，也是区别于其他领域人才知识结构的主要标志。业务知识既是从事图书馆业务必须具备的基本知识，也是提高图书馆人员综合服务能力的前提。业务知识主要包括以下两个方面。

图书馆的基础理论知识。这主要包括图书馆学基础、图书馆学研究、目录学、情报学、社会文献学、文献计量学、图书馆经济学、图书馆史和图书馆事业史。同时，必须掌握图书馆工作技术方法，主要包括：图书分类、图书编目、藏书建设和藏书组织、文献复制与保护、咨询与读者服务，以及图书馆自动化系统、图书馆评估技术等。图书馆人员既是服务者，也是管理者，因此还应学习和掌握图书馆科学管理知识。

学习和掌握现代化的科学技术，主要包括计算机技术、计算机网络技术、光盘技术、多媒体技术、文献缩微技术、复印技术、声像技术等。

(三)图书馆人员应有的基本文化素养

文化素养的外延是多角度的。为了论述的方便，我们把它分解为思想道德素养、科学文化素养、身体心理素养三个方面。图书馆人员应加强这三个方面的修养。

思想道德素养是图书馆人员的灵魂和动力。思想道德是社会意识形态之一,是调整人与人之间、个人与社会之间关系的行为准则和规范的总和。在新时期,图书馆人员的思想道德要求是:热爱共产党,热爱祖国,热爱科学,热爱本职工作;做到政治立场坚定,思想过硬,作风正派,遵纪守法,好学进取,工作严谨,严己宽人;团结协作,仪表端庄,举止文明,敬业、乐业、勤业,有全心全意为读者服务的奉献精神,树立"以读者为中心,一切为了读者"的信条,急读者所急,想读者所想,尽一切努力满足读者的需要。

科学文化素养是图书馆人员搞好学术性服务工作的保障和基础。要求认真学习前面所提到的基础知识和业务知识。丰富的知识来源于系统的学习与平时的积累。图书馆人员不能守着"书山"而腹中空空,应勤学、好学、乐学。现在正处在知识更新、人才竞争的新时代,不管图书馆人员原有的学历有多高,都面临继续学习,调整知识结构,更新自我、完善自我的问题。常言道:"活到老,学到老""学海无涯,学无止境""不进则退,不学则衰"。这些常理充分说明图书馆人员必须加强继续学习。图书馆工作的性质和任务,决定了图书馆工作人员既是图书馆工作的管理者和组织者,又是群众阅读的服务者和咨询者;既是人类知识的守护者和传播者,又是文献信息的提供者和开发者。因此,图书馆人员必须坚持学习。除学历进修外,主要是在职学习,以提高综合素质为要务。

常言道:"身体是革命的本钱。"有人把身体比喻为数字"1",把工作、学习、生活、金钱、名誉、地位等比喻为"1"后面的一个一个的"0",如果"1"存在,后面的"0"越多,价值越大,如果"1"不存在,后面的"0"再多也等于"0",这说明身体是何等的重要。但人们往往容易忽视的是心理素质,身体健康,心理素质好,才是真正的健康。心理素质是指人在心理过程和个性心理特点两个方面所表现出来的本质特征,主要包括认识素养、情感素养、意志素养、能力素养、性格和气质等。

认识素养就是指认识过程,它是人对客观环境知识的掌握过程,是最基本的心理过程,包括感知、记忆、想象和思维等心理活动。它是做好工作的基本条件。它主要包括认识兴趣、智能水平和知识结构等。情感是人对事物的态度的体验。高度的情感具有推动力、创造力和感染力。意志是人决定达到某种目的而产生的心理状态,往往由语言和行动表现出来。良好的意志是顺利而有效地进行工作的保证。能力是直接影响活动效率,使活动得以顺利完成的个性心理特征。能力可分为一般能力和特殊能力,一般能力如观察力、想象力、记忆力、思维力等;特殊能力是指专业的活动所需要的能力,如音乐能力、绘画能力、操作能力等。能力是工作成功与否的重要条件。性格是一个人对待现实的稳定态度和与之相应的习惯化了的行为方式,是个性的主要标志。人与人之间的个性差异,最容易看到的就是性格方面的差异。气质是一个人天生固有的心理活动的动力特征。所谓心理活动的动力特征,是指心理活动过程的速度(如感知速度、思维的敏捷性)、心理过程的强度(如情感的强弱、意志力的强弱)以及心理活动的倾向性(有的人倾向于外部事物,从外界获得新印象;有的人倾向于内部,经常体验自己的情绪,分析自己的思想和印象)。人的气质一般分为胆汁质、多血质、黏液质和抑郁质。每一种气质都有其积极方面和消极方面,因此,不能片面地把某种气质评定为好的,把另一种气质评为坏的。而且,只有少数人是典型的单一气质,多数人则介于各种类型之间,为中间类型。总之,心理因素直接关系到工作的进度和质量,例如,在心情良好的状态下,工作时思想开阔,思维敏捷,解决问题迅速,也乐于与人交谈;相反,如果心情不好,低沉或郁闷时,则思路阻塞,操作迟缓,无创造性可言,也懒于与人交谈。由此可以看出,身体和心理的良好素养直接关系到图书馆人员的文化形象和服务质量。

二、高校图书馆人员的现代意识与文化服务技能

(一)高校图书馆人员的现代意识

意识是指人的头脑对客观世界的看法或见解。现代意识,从本质上

讲就是时代意识,是新时期所需要的思想观念、价值取向和文化心理,这是大学文化的核心之一。图书馆人员的现代意识体现了图书馆事业的发展趋势,是保证图书馆工作高效运行的内在精神动力,具体表现在以下几个方面。

首先要明确这种意识是改革图书馆工作的原动力。思想不新,观念陈旧,一切改革都无法进行。有了改革意识,就会有好措施,就会建立与市场经济发展、大学文化建设相适应的图书馆及其新型体系和运行机制。开放意识是相对于封闭意识而言的,封闭式的传统管理意识是影响和束缚图书馆工作的重要因素和障碍之一。只有图书馆人员思想解放,图书馆的馆舍、藏书、设备才会为读者大胆开放,才能实现图书馆的价值和效益。因此,图书馆人员应树立改革开放意识,积极自觉地关心、支持、参与改革。在改革中,要有主人翁的责任感,不能认为改革只是领导的事情。

在市场经济条件下,图书馆可以开展有偿服务,可以适当地收取服务费用。职工也可以在不影响图书馆工作的前提下搞个人创收,改善自己的经济状况和生活条件。但作为学校的图书馆,又不可能完全进入市场,样样都收费;个人也不可能本末倒置,不顾工作去搞创收。虽然竞争意识是市场经济的必然产物,但学校图书馆的许多方面都是无偿服务。每个人都要搞好本职工作,承担相应的社会责任。不能只拿钱不干事或干私事。图书馆的领导在条件允许下应尽力改善职工的生活条件。图书馆人员面临着许多竞争,主要是知识竞争、人才竞争,要有"能者上,庸者下,优者奖,劣者惩"的思想观念,在优胜劣汰的竞争环境中敢于竞争,善于竞争。图书馆要发展,要提高服务质量,就要积极开展图书馆与校内部门之间、馆内部门之间、个人之间的竞争,保证图书馆服务工作的高质量和高效率。

首先要树立"科学技术是第一生产力"的思想。邓小平同志的这个论断,丰富和发展了马克思主义关于科学技术是生产力的学说。以前人们把科学技术当作是精神的或间接的生产力,而现在,科学技术作为一个特殊的要素,已成为直接的生产力。这一论断使我国走上了科教兴国的道路,而且现在还把技术作为分配的要素,使社会主义的分配原则更加合理,从而也使全社会逐渐形成了重视教育、重视科技、尊重知识、尊重人才的良好风尚和社会意识。

其次是图书馆人员应不断学习科学文化知识,掌握现代化服务方式和手段,提高图书馆的服务水平和工作质量。科学技术的学习不但有利于工作,还有利于抵制歪理邪说,反对封建迷信,树立科学的世界观、人生观。

法律是以国家强制力来保证实施的社会行为规范。在市场经济体制中,法律的作用显得比以往任何时候都重要。尤其是电子信息的版权问题,正成为国际范围内讨论的热门话题之一。图书馆对电子出版物的引入,各类网络的联通和图书馆联网,使得图书馆的信息服务毫不例外地涉及了版权等知识产权问题。在我国著作权及其他相关法律中,对图书馆合理使用有关文献都有明文规定。图书馆人员应掌握涉及信息的著作权法、专利权法、软件的保护条例等知识产权的法律法规;要教育学生上网时千万莫触犯法律,更不能搞信息犯罪。

图书馆人员应该主动自觉地学法、知法、守法,并学会用法律手段来维护单位和个人的合法权益,同时能规范自己的行为。图书馆开展部分有偿服务,甚至发展产业,也要以法律为准绳,根据有关的法律、条例和规章制度进行管理,使图书馆的工作规范化、制度化,保证图书馆的稳步发展。

(二)图书馆人员的服务技能

图书馆人员要搞好服务工作,除了要具有良好的现代意识外,还必须具有很好的服务技能。所谓技能是能掌握和运用专门技术的能力。

表达能力包括语言、文字、图表和符号表达能力。首先是语言表达要准确、简明、清晰、生动,富有哲理,逻辑性强,而且能说较标准的普通话。其次是文字表达要通畅流利、层次清楚、主题鲜明,能写一般的应用文和说明文,也能写有一定学术水平、理论水平的论文。再就是图表和符号要规范、准确,能一目了然,富有科学性和创新性。

图书馆人员既是服务者，也是管理者。有的从事宏观管理，有的从事微观管理；有的管理文献资料，有的管理设备、设施；有的管经费，有的管人员。要把这些管理好，达到"人尽其能，物尽其用，财尽其好（使用好，不流失，不浪费）"的目的，都要有一定的技能和技巧。

图书馆人员是群众阅读的组织者。这就要求其能宣传动员读者积极主动地利用图书馆进行阅读，并能自觉地遵守借书还书等一系列规章制度。要能组织读者参加学术活动、大学文化活动，召开读者座谈会，搞书评影视。声像阅览室、书刊阅览室、国际互联网等开展活动，也需要一定的组织协调能力。况且，图书馆内部要开展活动，也需要相应的负责人有一定的组织管理能力，才能把人们的积极性充分地调动起来。

处理人际关系在当前显得非常重要。人们常说"人难处，事难办"，而办事难的主要原因是人际关系。相反，人际关系好了，办事就不难。这里所说的人际关系是有原则的工作关系，其中包括正常的友情、亲情，主要指平等、互助、友爱的同志关系，如与上级领导之间的领导与被领导的工作关系、与读者之间的服务关系、与同事之间的协作共事关系、与熟人朋友之间的友情关系。要处理好这些关系，就必须具有相应的能力。现在是竞争的时代，遇到关乎切身利益的事情，如评职、晋升、加薪、受奖、考核、分配工作、变动人员等，一些人不能正确对待，常常产生矛盾。这说明处理人际关系确实是一门高深的"学问"，需要很高的技能。

实际操作能力是指直接作用于活动客体的外部活动能力，是人的内部智能的外化表现，又称为动手能力。一个优秀的服务者，不仅"善于动脑""善于动嘴"，还得"善于动手"。会想不会说不行，会说不会做也不行。

在图书馆工作中，每项工作、每道工序、每个环节都有特定的技术要求。包括文献的收藏、整理、分类、传递、查找、借阅等，都离不开相应的技能。这就是常说的"采、编、典、流、参"流程，没有这方面的专门技能和专门方法，是不能搞好服务工作的。特别是计算机进入图书馆之后，更应该学习和掌握如下主要技术：计算机采购编目技术、计算机流通典藏技术、计算机检索咨询技术、计算机统计和分析技术、计算机网络通信技术、计算机软件工程技术、计算机文献制作技术、计算机应用维护技术等。总之，图书馆人员树立现代意识，掌握熟练服务技能，将大大有利于服务质量的提高，推动大学文化活动的开展。

三、高校图书馆人员的整体结构与文化服务质量

图书馆人员的整体结构是指人员的整体组合，包括年龄结构、学历结构、专业结构、职称结构等。

图书馆人员的年龄结构反映了队伍的兴衰趋势，影响着图书馆的服务质量。因为图书馆工作需要精力旺盛、体魄健壮、经验丰富的人员，但每个人从青年到老年都不能完全具备上述条件。老年人经验丰富，办事稳当，但精力有限；青年人精力足，身体壮，反应快，易接受新事物，手脚灵便，但办事欠稳妥，不够细心；中年人一般兼有两者的长处。当然从个人来讲，并不是人人如此，只是指一般而言。因此，从事业发展来看，最合理的年龄结构是"老马识途"的老年、"中流砥柱"的中年和"奋发有为"的青年相结合，其比例应是两头小，中间大。为了不造成比例失调、青黄不接，应按图书馆的编制，不断输入德才兼备的人员。

学历是衡量图书馆人员受教育程度和知识水平的基本条件。《中华人民共和国教师法》规定："取得高等学校教师资格，应具备研究生或大学本科毕业学历。"学历已达标的，还可继续深造，达到高学历。大学的教师结构和高校图书馆特定的服务对象，也要求图书馆工作需要更多理论型、科研型的高层次人才。至于学历结构需要怎样的比例才更为合理，值得进一步探究。

专业结构又称为学科结构，即图书馆人员不能都是图书情报专业人员，应包括社会科学和自然科学各专业人员，包括音体美专业人员。这是因为图书馆的文献资料、工作范围、组织机构涉及各个专业。特别是现代化设备设施进入图书馆之后，更应该多配备有计算机专业技术的人才。

图书馆的职称分为研究馆员、副研究馆员、馆员、助理馆员和办事员。高、中、初级的职称是根据岗位设置的，不能因人设置。职称评定是从德、

能、勤、绩四个方面以工作实绩为主进行评定的,不能只看文凭、资历,更不能看人际关系、"馆龄"长短。评定时要公开、公正、公平,不能搞暗箱操作,更不能搞权钱交易。图书馆人员的评职应与学校教学人员和行政管理人员平等对待,不然会挫伤他们的积极性和导致人员的流失。

为了优化图书馆人员的整体结构,彻底改变以往那种因照顾关系而形成的"夫人馆""老弱病残馆"的状况,除进行必要的人员调整外,特别应加强对现有人员的继续教育,把弱者变为强者,"多换思想,少换人"是优化整体结构的最佳办法。

人的气质不同,性格各异。如果都是胆汁质的人,性格外向的人,势必"一触即发";如果都是抑郁质的人,性格内向的人,势必"沉默寡言"。因此,图书馆各部门的人员搭配要合理,把性急的与性缓的、易激动的和沉着的、热情奔放的与深思熟虑的结合在一起,达到"冷热"相融,团结合作。

图书馆人员的各个方面的合理结构,在合理的运行机制中会产生比个体功能相加之和要大得多的效应,使其学术性的服务工作优化展开,有力地促进教学、科研和大学文化的发展。

第六章 高校图书馆文化的创新

第一节 高校图书馆文化对创新思维的培养

高等学校是人才辈出的地方,云集了众多知识渊博的学者、专家和教授,是传授科学文化知识的场所,是培养更多具有创新思维的、高素质的人才的重要机构。高等学校为培养高素质创新人才进行不懈努力,特别是在图书馆的文化建设方面也不遗余力地营造着最优越的创新环境。高校图书馆文化属于文化范畴,是由高校图书馆工作人员和读者共同创造的精神财富。高校图书馆的文化活动弱化了限制大学生创新思维发展的因素,对他们创新思维的形成有着积极的作用。本章将主要分析高校图书馆文化在大学生创新思维培养方面存在的积极作用。

一、文献服务对创新思维的培养

人类的进步和科学技术的发展有着它们内在的规律性,但它们的发展往往离不开前人知识文化的积累,更与人类整个知识文化的发展分不开。科学家的发明、创造,不仅要继承前一代的科学、技术、知识、文化等智力因素,还必须从前几代甚至整个人类的知识文化积累中吸取营养,激发创新的热情,才能够有新发现、新发明与新成果。甚至可以说,整个科学的发展都是以人类知识文化的积累为基础的,科学发展史是人类文化积累和扩大的历史。想要获得创新思维,想要有创新成果,就离不开对前人知识文化的深入研究。只有深入研究人类文化的积累和发展过程,才能更好地进行科学新成果的研究和创作。大学生作为创新思维培养的主体更加应该注重知识的积累,这是走向创新的必经之路,也是淬炼思维、获得灵感的有效途径。高校图书馆就是提供文献借阅的主要机构,里面有不同学者、不同时期的科学著作、期刊论文等研究成果。图书馆提供的知识大多是记载性和描述性的,而它的文化主体作为满足未来社会需求的高素质新型人才,不仅要满足于对传统知识的重复记忆,还企盼在现有知识水平上能够创造出新的精神和物质财富。大学生如果能够在明确研究目标的前提下,进行大量的文献阅读,增加知识的积累,就容易在创新的道路上获得成就。国内外许多学者和科学家就是在大量查阅图书的过程中不断积累知识,获得灵感,为他们新理论、新成果的提出奠定基础的。

图书馆的文献服务利于创新思维的塑造。对于大学生来说,丰富的知识储备是塑造创新思维的必要基础。知识积累的过程也是大脑思维运转的过程。这个过程不仅利于大脑思维的开拓、知识敏感度的提高和直觉的塑造,还利于灵感与顿悟的获得和捕捉。直觉、灵感和顿悟恰恰是创新思维的展现形式,是塑造创新思维所必需的。高校图书馆收罗了尽可能多的权威的、前沿的专著和典籍,犹如知识的海洋,为广大的师生提供了获取更全、更广、更新知识的场所,更为大学生知识积累的丰富提供了便利条件。

二、信息检索对创新思维培养的积极作用

信息检索服务是图书馆利用现代通信技术和先进的技术设备为读者提供文献资源检索、查看和利用的服务。关于信息素养,1992年的《信息素养全美论坛的终结报告》中就有详细的阐述:一个有信息素养的人,他能够认识到精确和完整的信息是做出合理决策的基础;能够确定信息需求,形成基于信息需求的问题,确定潜在的信息源,制订成功的检索方案,以包括基于计算机的和其他的信息源获取信息、评价信息、组织信息用于实际的应用,将新信息与原有的知识体系进行融合,以及在批判思考和问题解决的过程中使用信息。

推广和使用信息检索服务能够大大提高大学生的信息素养,锻炼他们的信息获取能力和信息处理能力。培养和提高大学生的信息素养,不

仅是现代高等教育改革的内在需求,更是信息时代高素质创新人才必须具备的基本能力。培养信息素养的目的是提高学生的信息认知和评价水平、增强信息利用和实践能力。通过训练信息素养,大学生能更熟练地运用信息技术去识别、获取、加工、传递和使用信息。它的提高有三方面的好处:一是能提高大学生对信息和问题的洞察力和敏感度、知识的变通力和独创力;二是能逐渐让大学生树立终身学习的意识,努力让他们养成终身学习的能力和习惯;三是让他们能够在信息层出不穷的世界中检索出有价值的信息,减弱大量低质量信息带来的负面影响。信息素养所锻炼的能力正是大学生创新思维培养所需要的条件。在很大程度上,信息素养直接影响着创新能力的高低,也影响着思维的活跃度。可以说,谁拥有强烈的信息意识,谁能快速准确地捕捉到对于自己有用的最新信息,谁就在知识上有足够的深度和广度,创造性思维方式也就更多样化,更可能激发科技发明意识或创造出新的成果。创新思维的过程其实就是灵感与获取和处理的信息不断冲突和融合的过程。在解读、辨析、判断所获取海量信息的过程中,很容易激发灵感、顿悟,获得新观点、新想法。这是一个容易出创新成果的过程。

国外很多国家很注重信息素养的培养,美国就曾提倡一切有条件的机构,要积极开展信息素养能力的培训,以适应信息时代对信息型人才的需求。可见,有创新思维的高素质人才更需具备最基本的信息素养。高校图书馆作为大学生创新思维培养的机构,不仅是提供大学生现成知识的场所,更是传授读者获取知识的方法和能力的机构。图书馆信息检索类服务的开展,有利于大学生信息素养的养成和提高,这也正是创新思维形成所需要的能力。

三、学术交流对创新思维培养的积极作用

学术交流是研究探讨和论证交流学术知识的活动,允许有兴趣的人参与其中,并在活动中自由地表达自己的观点,鼓励学术之间的相互探讨。学术交流不仅是承载学术观点的容器,将学术观点集中展现,而且是

不同学术观点的"孵化器"或者"振荡器",是观点的碰撞和信息的整合,是一个不断"淘沙"、发现真理的过程。学术交流是交流和分享学术思想、观念、理论的学术活动。它营造了一种学术自由的氛围,可以针对一个话题进行畅所欲言的沟通。沟通的过程可以激发兴趣、启迪智慧、获得灵感、捕捉机遇。学术交流的这些特点为大学生创新思维的培养提供了良好的、开放的、自由的学术氛围,让他们接触了新理论、新观点,优化了知识结构,开拓了创新思维,激发了求知兴趣。

四、学术交流对创新成果的产生有至关重要的作用

学术交流的活动类型可以分为正式交流和非正式交流。正式交流是在交流活动正式开始之前,以简洁明了的书面形式,如图书、期刊等,把自己要阐述的主要思想、观点和理论传递给他人,为活动中知识的交流与评价提供便利。它具有系统的知识交流程序、有权威的专家和学者参与,但其交流和互动还存在一定的滞后性。非正式交流则是直接面对面或通过网络交流知识和观点,形式自由,且不受交流场地、交流内容、交流时间和交流对象的限制。非正式交流是一种信息和知识交流和互动的形式,整个过程能让信息不断完善且不断全面,趋于准确。高校图书馆学术交流活动以非正式的交流为主。学术交流为培养和塑造大学生创新思维创造了条件:一方面,它让大学生能够及时了解学科的发展趋势,积累知识,开拓思维,激发学习的积极性;另一方面,它也让大学生有了研究方向、创作灵感等。

通过学术交流,可以掌握世界前沿的专业知识,引导创新的方向,优化知识的结构。例如,在 19 世纪,德国数学世界领先的时代背景下,量子力学科学成果的发现与当时德国有一批在物理和数学两方面都有很高造诣的数学家和物理学家有很大关系。他们掌握了诸如算子、希伯特空间等,是当时最前沿的数理知识和发展动态。这些人有著名的数学家高斯、黎曼、希尔伯特等,还有理论物理学家,如索墨菲德和波恩。大学生所学的知识大多是经过很多专家学者严格认证的,但接触前沿知识的机会相

对较少。如果能够利用高校图书馆开展前沿知识的学术交流，就能够引导学生创新思维的形成和发展。

通过学术交流，可以获得解决难题的灵感和顿悟，引导创新成果的出现。例如，1896年，庞加莱在学院的一次周会上给大家看了伦琴寄给他的第一张X射线照片。亨利·贝克勒尔问道："射线是从管子的哪一部分发出来的？"庞加莱回答说："这个区域的玻璃都发光了，射线应该是从管子正对着阴极的区域发出的。"这个回答让贝克莱获得灵感，想到X射线和荧光之间可能存在一种关系，然后致力于验证自己的想法，最后发现了贝克莱尔射线。还有一个例子：1905年，爱因斯坦在关于狭义相对论的《论动体的电动力学》论文写作过程中，遇到难题——光速不变与力学中的加法定律相矛盾。在很长一段时间里，他为了解决这一难题，试图对洛伦兹理论进行修改，但毫无结果。在一次拜访他的朋友米凯耳·贝索时，他们从各个方面对这个难题展开讨论，爱因斯坦在讨论中得到了不少解决难题的启发和灵感，对其研究成果的提出有很大的帮助。大学生有了大量的课余时间进行自己的研究，但难免会因为知识有限或想法欠缺而遇到难题。如果多参加与自己研究相关的学术交流会议或多与他人分享自己的观点，就会在交流期间获得解决问题的灵感和顿悟。这样，自己的研究就更容易出成果，也更加有益于大学生创新思维的形成。

学术交流非常有益于创新成果的造就。大学生作为创新思维培养的主要对象，完全有条件利用学校图书馆开展的各类学术交流，寻找自己的研究方向，获得解决难题的灵感和顿悟。学生积极参与图书馆开展的学术交流，也让学术交流的主要演讲者受益，收获解决问题的灵感和顿悟。正如在玻尔研究所落成典礼上，他说道："最重要的是不能仅仅依靠有限圈子里的那些研究人员的才能和本事，而必须把数目不断更新的青年人介绍到科学的结果和方法中来，其任务就是不断地从新的方面提出供讨论的问题；而且，同样重要的是，通过青年人自己的贡献，新的血液和新的想法被不断地引入工作之中。"高校可以充分利用图书馆的有利条件，积极开展各类专家和权威的学术交流会议，在激发大学生创新思维的同时，也很可能让这些专家、学者在交流的过程中,获得解决难题的灵感和新生的研究力量,为他们的研究注入新的活力。

五、专题讲座对创新思维培养的积极作用

专题讲座的类型有很多。我国国家图书馆设有专门策划、宣传、实施讲座活动的科室,已开发 10 多种系列专题讲座。例如:历史文化讲座、知识讲坛、读书沙龙、经典著作系列讲座等,有些甚至形成了自己的品牌。专题讲座呈现出选题多样、知识丰富、方式多样的特点,吸引了很多人参加。高校图书馆专题讲座的类型同样丰富,也涵盖了时政、文化、法律、社会、艺术、教育、科技、技术等专业领域。在这些专题讲座里,对塑造大学生创新思维有直接作用的主要有信息检索类专题和有关创新、创新思维与科学关系的讲座。

开发有关创新思维与科学关系的讲座是为了让大学生更好地了解创新思维发生的机制、需要的条件和益处,从而吸引更多的大学生在生活和学习过程中,有意识地关注创新的基本内涵及其重要作用,促进他们创新思维能力的养成。除此之外,大学生积极参加此类讲座,会让他们深刻认识到自己参与大学学习的主要目的是学习获取知识和利用知识的能力。国外就很注重对关于创新和创造机制课程的设立和推广。

当然,高校图书馆开展的专题讲座类型有很多,例如,科普类讲座等。这些专题讲座有内容的知识性、专业性、全面性和新颖性。它们虽然有很强的学术性,但又通俗易懂,是大学生乐于接受的有效方式,大学生在聆听专题讲座的过程中,不仅会得到丰富的知识,还能够在浓厚的学术氛围中受到启迪,获得顿悟、灵感,吸引他们从事学术研究,为创新思维的形成和塑造创造了良好的条件。除此之外,专题讲座还为大学生创新思维的形成提供正确的思想和理论引导。

六、竞赛活动对创新思维培养的积极作用

高校图书馆竞赛活动有很强的趣味性、知识性和激励性。竞赛活动

的开展让大学生自觉主动地到图书馆查找需要的文献和资料,同时吸引了众多的学生为参与、观看和支持竞赛活动来到图书馆。高校图书馆长期开展竞赛活动,大大提高了图书馆的利用程度,也传播了知识,丰富了校园文化。对于大学生来说,图书馆开展的竞赛活动提高了他们动脑动手的积极性,也让学生在趣味活动中挖掘出某些特殊方面的潜力,为创新思维的发展做好准备。

竞赛活动激发学生的求知欲,是让他们主动追求知识的一种趣味性活动。在活动开展过程中,学生可以大胆地就自己的认知对所探讨的问题提出不同的观点和看法,也可以在别人的观点中获得灵感和顿悟,进而淬炼自己的思维。灵感和顿悟正是创新思维培养所需要的人格因素,是支撑创新思维形成的内动力。

竞赛活动是自由的、开放的、共享的、尊重主体的学术氛围,让大学生意识到自己才是知识的主人,自己有能力掌控所学的知识。竞赛活动的趣味性能让大学生享受知识带来的乐趣。这种乐趣挖掘着他们的潜能,激励着他们借助各种条件展开创新思维的活动。竞赛活动的奖励性让大学生在比赛期间勇于表达自己的观点和认识,大胆质疑别人的观点,这种勇于表达、敢于批判的精神正是大学生创新思维形成所需要的人格品质。竞赛活动的开放性激发了大学生主动学习、积极创新的意识,想要在比赛中获得胜利,就要在以新制胜、以全制胜方面做好充足的准备。这就要求大学生在搜集资料的过程中,提高大脑的活跃度,找到获胜的灵感和想法。这恰恰是对大学生创新潜力的一种深度挖掘,有利于创新思维能力的形成和塑造。

竞赛活动的协作性又让大学生主动共享知识,学会互相尊重。当享受到协作研究所带来的便捷和好处时,他们在今后遇到问题的时候,就能够虚心听取他人的建议。例如,DNA分子双螺旋结构的揭示、研究与确定,就是物理学家克里克、数学家格里菲思和生物学家沃森互相合作的结晶。互相尊重、乐于共享的学习品格有利于大学生创新思维的形成。

第二节 高校图书馆文化创新

　　创新是时代的呼唤、现实的要求,也是高校图书馆求生存发展的必由之路。作为高校图书馆发展本源的高校图书馆文化更是需要不断创新,唯有不断创新的高校图书馆文化,才是有生命力的文化,才能保证高校图书馆在信息化社会和大信息市场的竞争中保持超前的战略、先进的技术、适应时代的高校图书馆核心价值观和精神以及一个勇于创新的人才队伍。也唯有不断创新的高校图书馆文化,才能保证高校图书馆内部的团结和向上的工作热情、紧密的团队精神和凝聚力,从而保证高校图书馆的可持续发展。

　　高校图书馆文化创新,是指为了使高校图书馆的发展与环境相匹配,根据本身的性质和特点形成体现高校图书馆共同价值观的高校图书馆文化,并不断以提高高校图书馆文化绩效为目标进行高校图书馆文化的创新和发展的活动与过程。高校图书馆文化创新的实质是要重构高校图书馆文化中的精神文化,突破与高校图书馆管理实际脱节的僵化的文化理念和观点的束缚,使高校图书馆和员工的精神能量得到充分的释放和发挥,实现向贯穿于全部创新过程的新型经营管理方式的转变。人的活动是受人的思想理念支配的,人同其他动物以及生物的区别就在于,人是有思想的,行为都应当是合理的,如果想要人的行为都具有合理性,首先要从思想层面上进行建设。面对日益深化、日益激烈的国内外信息市场竞争环境,越来越多的高校图书馆不仅从思想上认识到创新是高校图书馆文化建设的灵魂,是不断提高高校图书馆竞争力的关键,而且逐步深入地把创新贯彻到高校图书馆文化建设的各个层面,落实到高校图书馆经营管理的实践中。

　　高校图书馆既是历史文化的遗存地,同时也是未来文化的创造地。在历史的发展中,高校图书馆也往往成为促进历史和社会进步的文化场所。高校图书馆是人类文明发展到一定阶段的产物,它通过自己的运行机制,将图书荷载的社会意识、价值取向和科学理性思维根植于每个读者心中,变成一种精神力量,实现对每一个人的文化塑造。因此说高校图书馆对人的作用本身就是文化绩效在人的思想层面发生作用,继而影响人的行为的过程。

一、创新高校图书馆文化价值观念

在高校图书馆中,信息资源是基础,人力资源是本体,而文化是灵魂,价值观念是高校图书馆文化的核心,是高校图书馆一切活动的灵魂,它为高校图书馆生存和发展提供了基本方向和行动指南,既能影响和规范人的行为,协调人际关系,增强凝聚力,培育团队精神,又能统一思想,形成共识,引导馆员走向共同的目标。所以,高校图书馆文化创新的根本所在就是要大力培植先进的高校图书馆价值观。

当前高校图书馆的先进价值观包括以下几方面。

(一)科学发展观念

坚持科学发展观,是高校图书馆文化建设得以全面、协调、可持续发展的根本保障,要从广大信息用户的根本利益出发谋发展、促发展,切实保证用户权益,最大限度地满足用户需要;要从国情和"馆情"出发,以高校图书馆传统文化为基础,在继承和创新中不断发展高校图书馆文化;要促进高校图书馆与用户的和谐气氛,倡导高校图书馆与用户共同创新高校图书馆文化。

(二)高校图书馆大文化观念

高校图书馆文化建设关乎高校图书馆界整体的全局性利益。当前,我国的高校图书馆之间联系甚少,都是各搞单门独户,造成资源浪费和重复建设等现象。要确立高校图书馆联盟意识,以有利于高校图书馆文化建设的共同利益和整体发展为共同原则,搞好分工协调,搞好高校图书馆界大联合、大整合,形成高校图书馆联盟。

(三)人本观念

高校图书馆的一切活动都是围绕着人而开展,坚持以人为本,就是要搞好高校图书馆的人才建设和用户服务工作,搞好馆内人才管理,激励人才积极性,培养一批敢想敢干、敢于创新而又懂得现代高校图书馆文化的优秀人才,全心全意把用户服务工作做好。

(四)"用户第一、服务至上"的高校图书馆价值观念

这是高校图书馆公认的价值观,是高校图书馆赖以生存和发展的根本保障,是高校图书馆组织一切活动的总原则。它意味着高校图书馆必须以用户为导向,把满足用户的多层次需求视为高校图书馆的最终目标。

(五)不断创新的高校图书馆价值观

高校图书馆具有创新文化的社会功能。一方面高校图书馆本身具有对文化更新、创造的作用;另一方面高校图书馆工作通过对文化的积淀、传播和优化,促进文化的更新、创造,形成新的知识和新的发明,促进社会进步和发展。高校图书馆充当的是知识交流中介的作用,它通过文献的传递与利用,实现知识的输入、贮存和输出,将知识的生产者和知识的利用者联系起来,在用户消化、吸收了高校图书馆所提供的文献知识,并将它运用于生产后,知识转化为新的生产力。新的生产力继而推动科学文化的进步,并在更高层次上促进人类知识的充实、创造。因为如此的循环反复,所以人类知识不断完善、更新,社会文化也随之不断地发展变化。不断创新的高校图书馆价值观为高校图书馆文化创新提供了丰饶的土壤。

(六)办馆效益观念

高校图书馆虽属政府拨款的社会公益性机构,但也必须讲究投入产出,争取实现经费、设施和人员的最佳效益。高校图书馆的办馆效益主要是社会效益,而衡量社会效益大小的标准主要是文化信息收集与传播的数量和质量,广大用户的满意程度,高校图书馆在社会上的公信度及社会形象等。

二、创新高校图书馆文化精神

高校图书馆文化精神是高校图书馆中占主导地位的管理意识,能够

规范高校图书馆领导及馆内工作人员的具体行为,使馆内工作人员在实际的服务工作中达成共识,从而大大提高为用户服务的效果和效率。因此高校图书馆文化精神对馆内工作人员行为具有导向和规范作用。高校图书馆文化精神的导向和规范作用在制约人的行为时具有深厚的感情色彩,因为这种作用可以通过规章制度、工作标准和工作目标等硬性管理手段加以实现,也可以通过群体氛围、传统习惯和舆论引导来实现。馆内工作人员如果做出违反高校图书馆文化精神的事,就会受到制度惩罚、舆论谴责,本人也会感到内疚,产生情感压力,进而进行自我调节,修正自己的行为。高校图书馆文化精神是一种理性的黏合剂,它把馆内员工固定在同一信念目标上,以其大量微妙的方式沟通所有工作人员的思想,创造一个共同协作的环境,把馆内各种力量汇聚到一个共同的方向,使高校图书馆整体产生强大的前进动力,最终使高校图书馆文化精神得以弘扬。

高校图书馆文化精神从确定到弘扬,需要一个认同—服从—内化的过程。认同是高校图书馆全体工作人员对高校图书馆文化精神有了某种认识,有了某些自觉成分,但认识与自觉的程度往往不深,在行动上往往有反复;服从只能使高校图书馆全体工作人员的观念和行为趋向于高校图书馆精神所要求的意识行为,带有较明显的强制性;而只有内化,才能使高校图书馆全体工作人员具有与高校图书馆精神情感一体的认识行为,自觉而主动地发挥高校图书馆文化精神,做到自己管理自己、自己控制自己。要较好地完成这一过程,高校图书馆就必须注意不断创新高校图书馆文化精神,使高校图书馆文化精神具有时代特色,更能为广大馆员所接受,得到广大员工的认同,使他们自觉服从,并内化为自觉遵守的行为准则。我国高校图书馆文化建设的创新和发展特别需要一种高校图书馆精神。这种精神,就是敬业爱业、忠于职守的态度;敢于创新、开拓进取的坚定志向;不怕困难、攀登高峰的勇气和自强不息、无私奉献的高风亮节。

三、创新高校图书馆文化环境

高校图书馆文化环境创新包括以下几方面。

(一)事业发展模式创新

社会化是信息化社会高校图书馆事业的发展模式,高校图书馆的社会化包括办馆方式、管理方式和服务方式三个方面。信息是一种财富,高校图书馆收集、整理文献,对原始文献进行信息加工,这是一项复杂的脑力劳动,有其自身的价值存在。在当前的市场经济条件下,只有融合"事业"与"产业"的运作模式,打造自身服务特色,才能创造出最佳的社会效益和经济效益。在管理上要突破传统的部门管理和层次分明的管理体制,以用户的需求以及自身的发展为目标,实现信息共享"一体化"。目前高校图书馆界,特别是公共高校图书馆界正在加速这种社会化进程。

(二)高校图书馆建筑文化创新

信息时代高校图书馆的建筑,强调功能,注重实用,突出建筑风格和文化品位,实现纸质文献、多媒体实体文献和虚拟馆藏兼容并存,体现人本精神和开放观念。进入信息化社会,许多高校图书馆的旧建筑功能已不能满足新技术的需求,各地开始纷纷建立新的高校图书馆,新的高校图书馆应优先考虑建筑新技术的应用,但高校图书馆的最终目的是让用户来使用的,所以应当围绕着人来建设高校图书馆建筑文化,创造有利于工作人员工作、有利于管理人员管理、有利于用户阅览和获取信息的内外优美环境。现在的很多高校图书馆在建设时都充分考虑了绿化、减少污染、室内网线布设、用户休息空间等人性化的布置,甚至有的高校图书馆还考虑到雨水废水回收利用等,充分体现了低碳社会的要求。

(三)高校图书馆结构创新

高校图书馆结构主要由组织结构、内部基本制度结构、资源结构三方面组成。组织结构创新,高校图书馆的组织结构中有不符合信息时代要求的成分存在,这些不利于高校图书馆文化建设,新时期,很多高校图书馆对本馆进行重新定位,确定新时期的新任务、新目标,从实际出发,制定合理的创新方案。这些创新方案尽量减少管理层次和中间环节,缩小部门界限,保障组织结构的集成化、智能化和灵活性,符合信息化时代对组织结构的要求。内部基本制度创新,高校图书馆为了应对信息时代和高校图书馆文化创新建设的挑战,必须重新整合我们的基本制度,创建一种有利于吸收人才、有利于知识创新、服务创新的新制度。新制度必须实行真正的而不是形式上的以目标、责任、能力为基础的工作岗位责任制,和以工作态度、工作时间、完成任务的数量和质量为主要标准的绩效评价和奖罚制度。在人力资源管理上,实行能者上、庸者下以及人性化、个性化管理,让每位馆员都有实现自身价值的满足感,建立一支年龄、学历、职称配置合理的人才队伍。

(四)业务建设和技术创新

在新信息时代,面对用户信息需求的多样化和个性化,原有的业务建设已不能满足用户的需求,要进行业务创新和技术创新。业务创新就是对原有的业务内容进行调整,或逐步淘汰,或推陈出新,不断创造新的业务生长点,不断提升新的业务运作手段。技术创新就是建立多媒体高校图书馆,以多媒体电脑,控制一系列多媒体设备,对各种文字、图形、图像、声音、视频等信息媒体进行处理、传递、存取,为用户创建图文并茂、音响逼真、色彩自然的高级视听环境。技术创新还可以让高校图书馆利用新技术深层开发用户所需的信息资源,满足用户的个性化需求。

(五)学术研究创新

高校图书馆文化建设在创新和发展过程中,必然面临着许多新矛盾和新问题,迫切需要开展高校图书馆文化建设的新理论、新方法、新政策和现代化等课题的全面研究,必须充分利用各种资源,通过多种途径搞好学术研究创新工作,如定期不定期召开学术会议,鼓励在职人员攻读硕士、博士学位,组织系统研究高校图书馆创新文化建设的重大理论课题和科学技术课题等。

四、创新高校图书馆形象

要充分发挥高校图书馆文化的综合效应,必须高度重视高校图书馆"造型",着手于形象创新。高校图书馆形象是高校图书馆文化精神的重要内容,是高校图书馆的无形财富和宝贵资源。它是高校图书馆文化精神的外显形态,既是高校图书馆文化精神的一个组成部分,又是高校图书馆文化精神的载体。从客观上讲,它反映的是高校图书馆自身的特征和状况,是一种存在;从主观上讲,它反映的是广大读者对高校图书馆的认识和评价,是一种观念意识。高校图书馆要把塑造良好的高校图书馆形象作为高校图书馆服务的目标和对外宣传的目标,高校图书馆形象是由其环境、馆藏资源、服务方式、服务效果、公共关系以及管理人员、工作人员等具体因素构成的,因此是具体的,是可以进行分步骤、分阶段的创新的。创新可以将理念识别系统、行为识别系统和视觉识别系统整合成为一个系统,进一步导入以用户满意为核心的战略,形成一个立意更高、内涵更丰富、形象更具体的CIS战略体系。创新塑造出来的良好高校图书馆形象,可以将高校图书馆信息资源、人力资源和文化三者融为一体,紧密联系,形神兼备,对高校图书馆事业的发展形成新的推动力。

五、创新高校图书馆文化管理

要提高高校图书馆文化建设的有效性,必须从中国的国情和高校图书馆的性质、特点出发,做好高校图书馆文化建设和具体管理相结合,力求管理创新。我们说高校图书馆文化建设是一种新的管理方式,但是不把它与高校图书馆的发展战略、内部管理和具体的服务内容有机地结合起来,文化只能是一种抽象的概念,可能高校图书馆文化只能成为一句空喊的口号或者贴在墙上的"宗旨"。将高校图书馆文化的创新与高校图书馆管理的创新统一于高校图书馆的再造工程,从"抓高校图书馆文化建设就是抓高校图书馆管理的提升"的角度认识高校图书馆文化建设,努力挖掘高校图书馆管理中的文化潜力,促使文化观念转化为管理实践,转化为管理制度和工作中的操作程序,增强管理中的"文化含量",通过管理创新使高校图书馆文化与高校图书馆管理成为一个有机的体系。

高校图书馆文化建设包括高校图书馆文化的目标管理、过程管理和成果管理三个阶段,这三个阶段没有明显的区分界限,可能会在一个不断地树立目标,进行过程管理和成果检验的动态的过程中。通过对高校图书馆文化管理的创新,开拓出高校图书馆文化的新功能,创造出高校图书馆文化的新效应,保持高校图书馆文化建设与管理的整合,将刚性的管理制度和柔性的文化导向有机地融为一体,使"制度育人"和"文化育人"在高校图书馆文化创新的实践中互相交融。

六、创新高校图书馆文化建设方法

要激发高校图书馆文化建设的活力,必须创新高校图书馆文化建设的方法和手段。中国的改革开放在各个方面都成果显著,对人思想观念的影响也非常之大,旧的一些强制性的、古板的做事方法在管理中已不能起到很好的调适作用,说话做事得讲求技巧和艺术,得有吸引人眼球的东西来进行高校图书馆文化建设。

第三节 生态文化与高校图书馆创新文化

如今,人类已进入一个追求"可持续发展"和建立"生态文化"的时代,所谓生态文化,是指人类在实践活动中保护生态环境、追求生态平衡的一切活动及其成果。生态文化是从人统治自然的文化过渡到人与自然和谐发展的文化。这是人的价值观念从根本上的转变,这种转变决定了人类的价值取向由以人为中心转向人与自然和谐发展。生态文化重要的特点在于用生态学的基本观点去观察现实事物,解释现实社会,处理现实问题,运用科学的态度去认识生态学的研究途径和基本观点,建立科学的生态思维理论。通过认识和实践,形成经济学和生态学相结合的生态化理论。生态化理论的形成,使人们在现实生活中逐步增加生态保护的意识。生态科学理论已渗透到现代社会经济各个领域。因此高校图书馆界也开始研究运用生态学原理,探讨高校图书馆文化生态化的新路子。生态化的高校图书馆创新文化,有助于促进高校图书馆的可持续发展。

一、生态文化是人类文化发展的新阶段

自从有了人类,便产生了以人类的社会活动为核心的文化,因为人是以文化的方式生存和发展的。人类文化经历了三种不同的发展阶段,并表现出了三种不同的形态:绝对的以自然为中心的"原始文化"、绝对的以人为中心的"人本文化"和追求人与自然互利互惠、协调发展的"生态文化"。人类之所以需要创建新的生态文化,源于工业文化所造成的日益加深的全球性生态危机。人类活动所引发的各种自然灾害和生态灾难,使人们越来越清醒地认识到:人类如果不彻底改变征服自然的态度,不改变以牺牲生态环境来开发自然的生产方式,不改变奢侈浪费的生活方式,不改变损害生态环境的社会制度和不公正的国际关系体制,就不可能长期有效地阻止地球生态的失衡,人类最终也会由于不适应生态环境而毁灭。人类已经意识到自己的行为损害了人与自然的和谐,为了解决以上那些问题,弥补自己的过失,人类在发展进程中开始尝试一些生态化的实践运动,通过这些实践,人类正在力图建构一种新的文化形态,即生态文化。实践证实这确实是一种睿智的做法。因为,只有当绝大多数社会都建立起了生态文明的社会,地球生物圈的健康和安全才能得到真正恢复,人类的生存也才能够得以长期持续。

生态文化是一种人与自然协调持续发展的新型文化,是人类从古到今认识和探索自然界的高级形式体现,它代表了人与自然环境关系演进的潮流。它与传统的人本文化有着本质的区别,是对传统的人本文化的一种变革和扬弃。其与传统文化的本质区别,体现在不同的价值观上。生态文化作为人类新的文化选择,其价值观发生了转变,它抛弃了人本主义的"以人类为中心"的价值尺度,从人统治自然的文化转向尊重自然和人与自然和谐发展的文化,目标是形成"人—社会—自然"和谐发展的复合式生态系统。

人类思维方式的革命必然引发人类行为的变革,整体的生态学思维将代替机械论的分析思维,生态学思维会让每一个社会成员的生态文化

教养贯彻到建设生态文明的具体生活行为中。根据世界资源基金会2010年所发布的《地球生命力报告》,过去40年,人类的活动已经造成生命地球指数下降了约30%,其中热带国家和贫穷国家的地球生命力指数下降了60%。该报告还指出,从1960年开始,人类对全球资源的需求量增长了3倍,超出地球生态系统再生能力的1/4。如果照此趋势恶化下去,到2030年,养活整个人类将需要两个同样的地球。也就是说,地球生态仍然处于人类物质开发活动日益加强的严重威胁之下。社会中每一个人实际的衣食住行都影响着对自然资源现实的开发利用,不同的物质消费方式对生态环境都会带来不同的结果。因此,人们必须改变效仿西方富裕社会那种奢侈的物质生活方式,降低物质生活标准,倡导物耗少、能耗低、有利于环境发展的低碳生活。

二、高校图书馆生态文化是高校图书馆的创新文化

生态文化已经突破了单纯的环境科学扩展到了人类学、社会学以至整个人文社会科学,渗透进人们生活的方方面面。它反映了一个事实:全新的生态化社会正在形成,高校图书馆作为社会大系统的子系统,必然也存在自身的生态文化。从20世纪50年代开始,传统工业化发展模式的弊端逐步显现出来,全球性环境问题日渐突出,人们开始重新审视自己的行为,对人与自然、人与人之间的关系开始挖掘更深层次的认识。开始从生态文化的视角思考问题,人类文化逐步由科学文化向生态文化转化。传统的思想观念也相应发生了一系列变革,人们开始遵循"多价值管理"的途径,形成新的可持续发展观。在人类新文化的发展中,人类的社会实践应当既对人类有利,也对自然界有利,这便是可持续发展观。从一定意义上说,可持续发展即为人的生存与发展的文化战略,可持续发展观实际上是一项包括经济可持续发展、社会可持续发展、生态可持续发展所构成的系统性的整体结构性发展观。就其精神文化实质而言,这种系统性发展观又具体表现为物质文明、精神文明和生态文明三个文明在内的协调建设与整体性推进上。

可持续发展观的形成,人类文化对生态文明的追求等,必将引发人们资源观念的变革。高校图书馆是文化的产物,其发生、发展是受社会经济、政治影响的,是人类古代为保存文献、传播知识,到了现代为整合和传播信息而建立起来的文化机构。高校图书馆文化是高校图书馆管理运作的机制,是运作过程中所形成的精神、制度和服务形象。高校图书馆生态文化的系统强调一定程度的自组织性和人的主体性,把信息服务与环境作为一个交互作用的网状立体整体,注重和谐与整合,使高校图书馆受到良好的"生态气候的滋润"。

(一)高校图书馆生态文化改革了高校图书馆的信息观

传统的科学影响着人们的思维,自然也会影响着人们获取信息的思想、方法和手段。信息是描述事物的动态概念,从物质世界与物质领域来看,信息是无始无终的,是可以识别、转换、超空间传递、共享的,从哲学的本质上看,信息是物质和精神发生关系的中间介质。

传统的高校图书馆对信息的处理和传送具有明显的机械论色彩,馆员往往根据自己的喜好或偏爱首先确定哪些信息是正面的,哪些是负面的,而在传播的过程中有意识地引导用户。这对用户正确使用高校图书馆,在海量的信息中快速高效地找到自己所需信息当然起到了很好的引导作用。但同时,这种行为也使用户难以体会到前辈和先驱的知识发现与探索过程,不能较全面地了解文化和科学思想的反复上升式的发展过程,以及各学科之间横向交织的广泛联系,对知识整体网络结构缺少的把握。

为了克服这种机械论的信息观,高校图书馆应树立与生态文化相适应的信息观。生态文化认为,人类生态系统是一种富有弹性和代谢性的有机整体,它以整体的方式不断调节着其内部的运行机制及同环境的相互关系,并保持着一种动态的、相对的平衡,负载着人类社会向前发展。因此生态系统是一个浑然一体的体系,其中的知识和信息都是系统中的必要组成部分,因此生态化新的信息观应当把信息看作是网状的,而不是孤立的系统,信息系统是由多种交互作用的要素组成的,观察者、学习者处于这一网络之中而非网络之外,高校图书馆员也处于网络之中,引导观察者和学习者找到正确的路径,将知者与须知者交织在一起,在这一过程中,馆员们应遵循客观性的原则。尽管这些客观性被赋予了某种主观意义,但是比起机械论来,这些主观因素已经对受信者的学习无碍。

生态化信息观是在传统信息观的基础上,增加了以信息促进社会、经济、环境全面进步与协调发展的内涵,是人类站在可持续发展的战略高度对信息内涵的揭示。可持续发展的信息观要求我们改变传统的生产方式和消费方式,要求我们在生产中少投入、多产出,在消费中多利用、少排放,纠正那种靠高消耗、高投入、高污染和高消费带动和刺激单纯经济增长和物质财富积累的发展模式。可持续发展的信息观建立在人类与自然平等的基础之上,使得人类的发展与自然的进化在一种制衡关系中相互促进,共同发展。在这样一个平等、有序、高效的大环境中,高校图书馆事业必将得到持续发展。

(二)高校图书馆生态文化旨在营造和谐的文化氛围

现代生态学追求人与自然的和谐共建,着眼于解决环境、资源、发展问题,目的在于通过生态环境的优化,使资源得到充分利用,实现最大的生态功能。高校图书馆源于文化,惠及文化,在发展过程中又形成了自己的文化,这些文化特色,规定着高校图书馆的形象,影响了高校图书馆的发展。而这些文化特色就是高校图书馆的文化氛围,如果历久积淀的虽不见诸文字却弥漫于整个高校图书馆的舆论氛围和为多数人所认同的行为原则是和谐的、健康向上的,那生活、学习在这一文化共同体中的个体,将受益无穷。

高校图书馆的文化氛围是与社会文化密切相关的,它与社会文化的关系是一个双向交流的过程,一定时期的高校图书馆文化,总是借鉴了历史和现实社会大系统的各种成果,高校图书馆文化是从属于社会文化的一种"亚文化",当社会文化发生变革时,作为亚文化的高校图书馆文化也必然从这种变革中吸取新的因素。21世纪的社会大文化是追求生态文明的文化,高校图书馆就应从可持续发展的角度,顺应知识经济时代的要求,营造和谐的文化氛围,追求人与自然和谐共生的目标。从生态文化的角度来看,高校图书馆应建立"绿色"人际关系,即人与人相互关心、和谐合作、协同进步的生态环境;在高校图书馆环境建设中,无论是馆址,还是高校图书馆的场地建设,都首先遵从"一切以人的健康为中心"的思想,朝着最有利于用户和馆员健康及最有利于人类生态环境保护的方向努力。这也是可持续发展思想在高校图书馆环境中的深刻体现;高校图书馆设备中的"生态文化",主要表现在高校图书馆设备的材料和能源消耗方面既不污染环境,也不过度地消耗能源。如高校图书馆采用节能的照明设施,书架等设备采用环保材料,尽量不采用人工通风、人工照明等。跨世纪的中国建立了许多绿色的、生态的高校图书馆,尤其是在经济发达地区,如北京、浙江、广东、江苏等地。成功的高校图书馆最大秘密就是有一种积极向上的精神,在现阶段,这种精神就是可持续发展的生态文化观,只有灌输了这种积极向上、与时俱进的精神,高校图书馆的一切才变得有了生气,成为积极的发展因素,可以说为高校图书馆提供和谐的物质和精神文化氛围,是 21 世纪高校图书馆的发展趋势。

(三)高校图书馆生态文化致力于构建良好的学术生态

与人类文化同步发展的高校图书馆,在保存、积累、传递人类智慧方面具有独特的地位和作用,对现代文化的繁荣与发展,更具有直接的影响力和广泛的作用。可以说,现代社会的每一个进步,都是与高校图书馆紧密相连的。高校图书馆虽说是贮存知识的宝库,但是它不是一般意义上的仓库,它具有学术性,高校图书馆的学术性从经典的高校图书馆基本理论教材上都有论述。高校图书馆是开展科学工作的据点,是为科学研究提供文献资料的基地,高校图书馆工作本身就是一项具有科学研究性质的工作。高校图书馆是整个科学研究系统中的一个子系统,高校图书馆工作本身就是一种学术活动,高校图书馆的工作人员,有很大一部分是属于科技人员。高校图书馆生态文化应该致力于营造良好的学术生态,从而促进社会的可持续发展。

学术生态建设是一个复杂的系统工程,学术生态建设过程是学术个体、群体与社会联动的过程,在当下,单一的建设方式于事无补。维特根斯坦曾说:"时代的病用改变人类的生存方式来治愈,哲学的病则用改变思维方式和生活方式来治愈。"虽然学术腐败是不可避免的,但不可避免不是放弃整治的借口,而要对学术腐败施以整体的、动态的、发展的生态哲学,通过科学的诊治和预防措施,减少或消除学术腐败,以促进学术生态系统的健康发展。"改变思维方式和行动方式"是整治和预防学术腐败的有效途径。

  高校图书馆的学术生态建设应秉承学术自由的理念,学术自由是高校图书馆生态中核心的生态因子,因为自由的学术氛围是孕育自然科学与社会科学创新思维的土壤。没有学术自由,就不会有学术创新。21世纪的高校图书馆生态文化建设就是要建立一个富于自由精神的学术殿堂,为创新人才的脱颖而出,为学术大师的涌现提供无限的发展空间。

(四)高校图书馆生态文化要加大对社会的辐射力度

  高校图书馆对社会辐射的功能是其主要社会功能之一。高校图书馆是社会整体系统中的一个子系统,它以其丰富的内涵和优质的服务向社会辐射着丰富的知识和高尚的精神。而且伴随着网络与信息技术的发展,高校图书馆的辐射力在不断加强,数字高校图书馆的出现,以及与互联网实现连接本身也代表着高校图书馆走向了社会,实现了对社会的开放,而这种开放是高校图书馆加强社会辐射力的前提。高校图书馆从社会的边缘走向社会的中心,成为推动社会全面进步的重要力量。

  高校图书馆生态文化改变了人们的信息观,创建一个和谐发展的高校图书馆文化氛围,建立一个健康的学术生态环境,就一定要加大高校图书馆对社会的辐射力度,这是高校图书馆生态文化中创新特质的要求。高校图书馆生态文化一旦形成,不仅会在高校图书馆内部发挥作用,通过对本单位员工产生行动影响,为高校图书馆创新发展营造出一个良好的内部生态环境,而且也会通过各种渠道对社会产生影响,为高校图书馆的创新发展创造宽松的外部生态环境。

  这样,高校图书馆生态文化就会渗透到社会公众的精神世界,使高校图书馆的创新文化得到社会的认可。而同时高校图书馆文化作为整个社会文化的有机组成部分,其创新也影响着社会文化的发展,高校图书馆的创新精神也会赋予社会文化以创新特质。因此,高校图书馆不仅要达到内部的生态文化平衡,还应促使外部生态环境的优化,提高高校图书馆对社会的辐射力度。

第七章 高校图书馆服务模式的创新发展

第一节 高校图书馆知识服务模式

一、图书馆学科知识服务概述

(一)图书馆知识服务与学科馆员制度

目前,各领域对知识服务的研究仍处于初级阶段,对知识服务概念的界定还众说不一。所提出的概念在以下三个方面基本达成共识:

第一,知识服务要以信息和知识的获取、组织、整合、重组为基础。

第二,要以解决具体而实际的问题为目标。

第三,追求知识服务对问题解答的价值效益。

不同领域的知识服务的适用范畴不同,知识服务概念的界定要与相关领域的服务主体和客体的范畴相适应。由此图书馆知识服务可以定义为,以馆员的图书馆学情报学专业知识为基础,针对图书馆用户在知识获取、知识选择、知识吸收、知识利用、知识创新的过程中的信息与知识需求,对相关信息、知识进行搜寻、组织、分析、重组,为用户提供所需知识的服务。

高校图书馆学科馆员制度是以为各学科提供更好的文献查阅服务为目的而设置的,由专门图书馆员为相应的学院、专业提供有针对性信息服务的一种管理制度[1]。同时是由高校图书馆根据馆员的专业知识背景和

---

[1] 孙海英,李洪伟,王宇佳.移动网络技术应用于高校图书馆学科馆员制度的创新发展[J].经济师,2018(01):185-185+187.

实际能力,指定馆员与对口院系建立密切联系,主动为对口院系开展全方位信息服务的一种服务模式。这种服务模式有助于图书馆更好地融入学校的教学和科研活动中,加速信息资源的传递与交流,促进学校教学科研活动的开展,有针对性地为教师和学生利用图书馆提供帮助,解除他们在利用文献资源过程中的疑虑和困难,为其项目研究提供深层次服务。

(二)高校图书馆学科知识服务

高校图书馆学科知识服务是指将知识服务与学科馆员制度相结合,按照学科专业领域组织人力和资源,提供专业化知识服务的一种服务方式。根据高校图书馆知识服务的定义,可以将高校图书馆学科知识服务的含义界定为:以学科馆员的专业知识和图书情报知识为基础,针对用户在知识获取、知识选择、知识吸收、知识利用、知识创新的过程中的需求,对相关学科专业知识进行搜寻、组织、分析、重组,为教师和学生提供所需专业知识的服务。

高校图书馆富有竞争力的服务必须与学校的学科建设密切相关。相同学科研究领域的科研与教学人员,他们的科研环境、知识结构、心理特征、研究习惯、行为方式等都是相似的,对于学科知识与服务的共同需求是相对集中的。因此,"学科化"的知识服务模式能够发挥高校图书馆的优势。构建一个完善的、有效的高校图书馆学科知识服务模式是高校图书馆知识服务的重点,也是提升高校图书馆学科知识服务能力所有待解决的问题。

二、高校图书馆学科知识服务系统的构成

高校图书馆学科知识服务系统由学科知识服务用户、学科馆员、学科知识服务平台、信息资源库、学科知识库几部分构成。

(一)学科知识服务用户

知识服务用户也可称作知识受众,是指通过知识媒介接受知识、获取知识的人或组织。高校图书馆的学科知识用户主要是指高校的教师和学生。

在学科知识服务系统中,知识服务用户不仅仅是知识的接受者和知识产品的消费者,他们还是知识服务的促进者和激励者,并可能成为未来知识的创造者和知识产品的提供者。高校聚集了各学科领域的专家和学者,他们是知识创新的主力军,他们使高校成为知识创新最活跃的地带。学科知识用户的知识需求状况、利用水平、满意程度,乃至各种反馈意见、评价等对高校图书馆学科知识服务系统的建立和持续发展起着重要作用。

(二)学科馆员

在整个学科知识服务过程中,学科馆员处于核心地位。学科馆员参与学科知识服务的各个环节,既要具有专业的学科知识背景又要精通图书馆业务,通过学科化知识智能服务平台向用户提供集成的全面的知识服务。他们在某种程度上首先是知识的消费者,在理解问题的基础上,通过对相关学科专业知识(显性知识)的搜集和利用,形成含有自己的经验及思维成果的新的知识产品。

学科馆员的角色从以往单纯的依托公共信息资源提供通用服务,转为全面介入资源建设、联合服务、用户培训、信息服务平台维护和参考咨询等整体工作流程。从单纯的知识提供者转变为信息资源的建设者、个性化和学科化服务提供者以及学科特色知识库建设者和推动者。学科馆员还将高校在特色学科方面的资源和服务进行整合,形成协调、灵活有序的工作模式,从而为教师和学生提供简便、高效、个性化、专业化的知识服务。

(三)信息资源库

信息资源库目前包括图书馆的馆藏资源库、各种信息检索系统以及网络资源等,信息资源库含有主要以文献、事实、数据等人类显性知识为表现的海量信息,对其进行组织管理的过程可称为信息管理。信息资源库可以按学科分类来组织和管理信息资源。图书馆在信息管理方面的理论与实践已经相对成熟。信息资源库中的显性知识是学科知识服务的素材和基础。随着对知识组织、知识挖掘、知识发现、知识揭示、智能技术等各方面研究的不断深入,传统的信息资源库将向着包容隐性知识在内的知识库的方向转化。

(四)学科知识库

学科知识库是学科知识服务系统中重要的组成部分,也是知识服务有别于信息服务的重要特征之一。

学科知识库中的知识包括学科馆员在解决知识服务用户提出的问题的过程中搜寻到的显性知识,也包括学科馆员运用自身的隐性知识以及利用从信息资源库中获取的显性知识所形成的,能够解决用户特定问题的新的知识产品或知识成果。这些知识被捕获、录入知识库,并经过加工、整理、评价、排序等程序构成知识库的主体,以便在合适的时机提供给新的用户或者进行进一步加工形成新的、更高层次的知识产品。学科知识库与其他知识库的不同之处就在于其内容是严格按照学科分类来进行组织的。高校还可根据自身的专业优势建立特色学科知识库。

(五)学科知识服务平台

学科知识服务平台是联系知识服务用户和学科馆员的媒介,是学科知识服务系统的外在表现形式,可以是两者得以联系的一个虚拟环境,也可以是一个服务系统的形式体现。学科知识服务用户通过知识服务平台享受服务,学科馆员通过这个平台向知识服务用户提供服务。学科知识服务系统的各个组成部分均在此平台上以醒目、有序、便捷的方式展现。此平台的建立、维护和发展需要依靠先进的信息技术,对服务过程的各环节进行有效的组织和管理。

学科知识服务智能化平台,集成了学科知识门户、学科导航与推送、网络资源揭示、知识挖掘、定题知识服务等资源和工具,是一个需求驱动的学科化、智能化服务平台,支持学科馆员的学科需求分析、学科化知识化信息选择与集成、个性化服务设计与管理等工作。该平台建立在学科知识库、特色资源数据、虚拟学科大类分馆平台之上,与个人数字图书馆、个性化信息环境相连接,帮助学科馆员顺利深入到科研一线,及时跟踪用户需求,并将与需求对应的个性化服务嵌入到用户信息环境中,全面落实学科化、知识化、个性化、智能化的服务目标。

学科导航服务是对学科及相关学科知识进行归纳、组合、序化与优化，通过学科专业网站，全方位地对学科资源进行集成与揭示，以便用户了解该学科领域的资源全貌。学科馆员依托成熟的校园网络和丰富的虚拟馆藏资源，为重点学科建立专业资源学术信息导航网站，使重点学科的专家学者能够通过专业导航网站，方便快捷地利用网上丰富的信息资源，掌握学科前沿动态。

网络资源揭示的主要方式是建立学科导航系统，利用搜索引擎在网络上全面搜索，通过选择、评估，找到有价值的网站，将收集到的相关网页下载、分类、标引，进行有效链接，并按照统一格式，对网站进行客观的描述，给予公允的评价，形成便于浏览与检索的学科导航库。高校图书馆有责任承担对丰富的网络学术性资源整序的任务。

学科知识挖掘服务是面向内容的知识服务的一种主要形式。它是通过对资讯进行定性定量处理以挖掘隐含在其中的知识内容的一种服务。其特点主要是进行知识创新，发现未知的知识间的关联。这种深层次的学科知识服务更多地依赖人工智能技术的成熟与发展，支持这一过程的核心技术是特征提取、分类、聚类和关联规则发现、知识评价等。学科馆员在对用户需求分析的基础上，进行知识采集、知识过滤与挖掘、知识提供，通过用户满意度评估来评价整个知识服务过程。

定题知识服务主要指学科馆员针对用户的研究课题或学科重点知识需求，自动提供针对性极强的学科专业化定制服务。学科馆员要主动与承担科研项目的学科用户联系、沟通，深入了解课题立项的背景、项目要求与内容、经费及其余情况，设计定题服务方案，制订检索策略，建立定题服务数据库。通过推送服务不断为该学科科研项目提供动态、新颖的专题信息知识以及与课题相关的文献资源、该课题的最新研究成果、网络资源信息等，做到从学科课题立项到科研成果鉴定全过程的定题跟踪服务。通过定题知识服务，提高知识服务对用户需求的支持力度。学科知识服务智能化平台集成各种技术与资源，为用户提供全方位、个性化、智能化的学科知识服务。

三、高校图书馆学科知识服务模式构建

根据上述高校图书馆学科知识服务系统的构成要素以及各要素的特点及其相互关系,可以构建出高校图书馆学科知识服务模式。高校图书馆学科知识服务与传统图书馆的参考咨询服务程序相似,但也有所不同。具体包括以下几个方面。

(一)知识服务用户的提问

知识服务用户可通过三种途径来获取信息和知识,解答自己的问题。

第一,学科知识服务用户即高校的师生可直接在信息资源库中检索自己所需的信息。

第二,学科知识服务用户直接在学科知识库中检索自己所需的信息和知识。

第三,学科知识服务用户与学科馆员交流,阐述自己的问题,并期望学科馆员提供解决该问题的知识或知识产品。如果用户采取第三种途径,其问题的解决过程就是一个完整的知识服务过程。

(二)学科馆员明确用户提问,确定用户需求

图书馆通过学科知识服务平台受理用户提问,根据问题的性质、所属的学科范畴,将用户推荐给相关学科的学科馆员,或将提问转交相应的学科馆员。学科馆员通过与知识用户的交流,明确用户的提问,分析用户的真实需求,或更深层次地挖掘用户的潜在需求。这种学科馆员与知识用户沟通、交流的方式,弥补了计算机系统只能针对表达清晰的用户需求展开服务的不足。学科馆员可以对用户未能表达的、潜在的或表达不清的需求展开尝试性、探索性的服务,以引导知识用户明确认识并确切表达自身的需求。学科馆员与用户间的有效交流是制定知识服务策略和选择知识服务工具的基础和前提。

(三)学科馆员分析用户提问,制定策略并选择服务工具,提供知识服务

学科馆员在明确用户需求的基础上,对用户需求进行分析,确定服务策略并选择服务工具。学科馆员可依据具体问题来确定是利用自己或合

作者的知识储备直接解决问题,还是从知识库中查询已有知识,或是选择合适的信息资源获取相关信息,经选择、分析、整理、升华之后,形成新的知识产品提供给用户。

高校图书馆在接受有关大型科研项目的检索提问时,需要成立专门的知识服务小组,小组中的学科馆员共同分析问题,制定服务策略,选取合适的服务工具,为科研项目提供信息、知识保障。

学科馆员根据用户层次、用户需求的不同,可提供以下几种知识服务:

第一,密切联系对口学科和院系,面向学科领域、研究主题及个性化需求进行学科资源建设。

第二,学科信息检索代理服务,图书馆学科资源的发布、宣传、利用指导服务。

第三,学术信息交流组织与管理服务。

第四,学科知识服务用户信息素养及信息获取能力培养服务。

(四)知识服务用户的意见反馈

知识用户获得学科馆员提供的知识后,需要对知识服务进行意见反馈。如果满意,本次服务告一段落;如果不满意,学科馆员还需要重新进行询问、交流与服务的过程。

用户意见反馈是对学科知识服务质量的评价指标之一。学科知识服务系统的建立、运行和日渐完善,离不开服务对象的反馈,也离不开对服务结果的评论、分析以及在此基础上的调整、修饰和重构。

(五)学科知识库的管理

对知识服务用户来说,得到了满意的答案就意味着知识服务的结束,但对于整个学科知识服务系统来说,还有一个重要的环节,就是对服务产生的知识记录加以积累、整序,按学科门类组织形成知识库。随着学科知识服务对象的增加、范围的扩大、学科的细化、内容的深化以及方法的变换,学科知识库中的内容也会不断增加、更新、完善和优化,这些工作就是对学科知识库的组织和管理。对学科知识库的组织与管理要重视知识组织以及知识管理思想与方法的运用。不仅要重视各学科的显性知识、提问结果和最终形成的知识产品的记录,也要注重与检索结果密切相关的一些隐性知识内容的记录。

学科知识服务是高校图书馆较具优势的一种新型服务模式。它以学科为基础,采用先进的信息技术和网络技术,为高校图书馆用户提供深层次、知识化、专业化、个性化的集成服务,能够适应科技自主创新的要求,最大程度地满足高校师生的个性化信息与知识需求。因此,学科知识服务必将成为未来高校图书馆知识服务发展的主流。

第二节 高校图书馆信息共享空间服务模式

随着计算机技术、多媒体技术、网络技术、现代通讯技术的发展,人们的学习方式和接受信息的方式发生了重大变化,学习环境更多的是强调协作性和共享性。在这种环境的要求下,高校图书馆以"用户为中心"的信息服务模式即基于用户的信息需求、以满足用户信息需求为目标的信息服务工作模式应运而生。现在信息共享空间已经发展成为一个可以为用户提供各种信息集成服务的场所,成为高校图书馆倍受用户欢迎的主流服务模式,其发展为构建高校图书馆的信息共享空间,在理论与实践方面提供了相应的指导。

一、信息共享空间的模式、原则和目标

(一)信息共享空间的模式

尽管信息共享空间已经成为高校图书馆的主流服务模式,但对于信息共享空间模式的研究,学者和专家各有自己的观点,其中代表性较强的有两层次模式和三层次模式。

(二)信息共享空间的基本原则

对于构建信息共享空间的基本原则,将其归纳为四个方面。

1. 普遍性

即每一台计算机都有相同的检索界面,及其辅助检索数字资源的软件设备。

2.适应性
旨在满足所有用户的各种需求。

3.灵活性
适应需求变化和技术变化的需要。

4.群体性
有助于进行共同合作的场所。根据信息共享空间的理论和实践研究,文章认为其基本原则主要由以下三方面构成。

(1)需求动态性

随着用户信息意识的增强,用户的需求呈现动态多元化发展趋势。首先,获取信息途径多元化,用户除自己查找、借阅,更多的是依赖,有的主动传递;其次,由于学科的交叉渗透及边缘学科的兴起,用户信息需求内容多元化,服务知识化。这就要求信息共享空间能够及时对用户的信息需求作出反应,采用先进的信息服务技术来满足用户的动态需求。

(2)服务集成性

信息共享空间是图书馆中研究、教学、学习和消遣的场所,应该为用户提供集参考咨询、多媒体服务、研究型服务和技术服务于一体的集成信息服务。用户通过集成服务机制"一站式"地获取所需信息,并以最小的代价在最短的时间内获得所需信息。

(3)知识共享性

信息共享空间能够满足用户的个性化信息需求,为用户提供了能够协作和自由交换信息的共享平台,这在传统图书馆服务中是不存在的。在这样一个协同工作的空间中,用户可以通过直接与用户、工作人员、技术专家进行交流获取信息,也可以利用信息共享空间中配备的各种信息设备,获取网络信息资源。它是用户获取知识、共享知识以及进行知识创新的重要场所。

(三)信息共享空间的目标

无论信息共享空间采取哪一种模式,它在高校图书馆中的应用要实现的目标是:

第一,提供一站式、个性化服务,以满足用户的信息需求和知识学习,允许用户自由选择并获取硬件设备、软件资源、多媒体以及网络信息资源,充分发挥图书馆资源的有效利用。

第二,用户可以从图书馆员、计算机专家以及多媒体工作者那里获得各种帮助和咨询服务,在信息共享空间工作人员的指导下进行学习和研究,充分体现了图书馆"以用户为中心"的服务思想。

第三,强调集中式学习或研究,为用户相互合作的工作方式提供一个良好的学习和研究、交流的空间。

第四,培养用户检索、评价和使用信息的能力,从而提高用户的信息素养。作为协助用户学习和进行知识管理的工具,以提高用户进行知识创造的能力。

二、面向集成服务的信息共享空间的构建

(一)信息共享空间的战略规划

信息共享空间提供的信息服务模式,应该是各部门之间以整体优化的方式来提供的服务功能。因此,在战略规划上要强调各部门之间在功能上的协作,减少组织管理层次,使组织机构体系逐步呈扁平的网状管理结构,以促进部门之间的沟通和协作,使高校图书馆的管理工作更加高效化。

信息共享空间的信息服务充分考虑了用户的需求特点,以分布式多样化数字信息资源的整合为出发点,从而充分体现了高校图书馆的服务特征。

(二)信息共享空间的构建要素

1.物理空间

对于信息共享空间,首要的就是为用户提供一个舒适的学习和交流的物理空间。空间的构建可以是多媒体的电子教室、供小组交流的讨论室、提高研究水平的咨询区、进行独立创作的单独研究室等等。

由于每个人都有自己的学习方式和习惯,因此在构建物理空间时,要充分考虑到每个用户的需求。

2. 资源

信息共享空间是整合信息资源、各种软硬件设施于一体的综合性服务模式。除了提供传统的馆藏资源（如印刷型图书、资料和工具书）外，信息共享空间必须具备丰富的电子资源（如电子期刊、电子图书）、专业数据库、多媒体文件以及网络等信息资源。

硬件方面，不仅具有计算机、通讯设备（有线连接和无线连接），同时要提供复印机、打印机、扫描仪、摄像机、投影仪等外围设备。硬件设施还包括在物理空间中配置的各种舒适的桌椅、沙发等家具设施和宽敞的休息室。软件方面，要求具备获取电子资源的软件，同时也要提供各种办公软件和多媒体播放软件。

信息共享空间的工作人员必须不断地更新各种电子资源，根据用户实际需求增设各种软、硬件设施，这样才能保证信息共享空间成为知识管理及提高用户信息素养的一个重要场所。

3. 服务

在数字化环境下，要求信息共享空间提供的服务是集传统的图书馆服务与数字信息服务于一体的集成服务。通过对信息技术、信息资源、服务功能、服务人员、服务机构等各种信息服务要素进行整合，实现整体功能的优化，使用户得到动态的、全方位、多层次、多元化的信息服务，用户只需要在信息服务台就能够获取一站式的信息服务。

服务功能要包括：文献借阅传递服务，信息检索服务，数字参考咨询服务，信息发布推送服务，知识导航服务，馆际互借，实时咨询和用户教育培训服务。具体到不同的服务，又可以进行多元分化，知识导航服务可以具体为分类导航、学科导航、主题导航和资源类型导航；用户的教育培训，可以是检索培训、图书馆利用培训和信息素养培训。

在联合采购、联合编目、馆际互借、公共检索、资源导航、合作咨询、联合培训等方面充分共享资源，以提升高校图书馆的综合服务能力。

4. 人员

信息共享空间在空间、资源和服务上的实现，需要相应的信息共享空间工作人员的支持，因此，人员也成为信息共享空间的构建要素。

信息共享空间人员的构成主要包括：

（1）参考咨询馆员

负责资源使用方面的参考咨询。

（2）信息技术专家

负责计算机软、硬件和网络技术的支持。

（3）多媒体工作者

为教师开发多媒体教学软件，并能指导学生进行多媒体的制作。

（4）指导教师

利用各种资源进行教学和研究，并能对学生进行一对一的指导。信息共享空间这一服务模式，对人员素质的要求较高，不仅要求工作人员具有与自己的服务相关的技能和技术，还要具备很强的学习能力、领悟能力和实践能力，要能随着信息技术的发展和用户的需求，不断更新自己的知识结构，提高服务水平。因此，图书馆要对工作人员进行定期培训，不断提高他们的综合素质。

（三）信息共享空间的效果评价

在构建信息共享空间之后，最重要的步骤就是对这一服务进行评价，建立起以用户为中心的信息共享空间服务质量评价体系，保障信息共享空间的有效运行。评价内容具体应综合考虑信息共享空间的四个构建要素：物理空间、资源、服务和人员。

具体方式可以是向用户发放反馈表格，进行网上调查，或是两种方式结合，正确地了解、分析和评价用户对服务质量的感受和要求；也可以采取收集人员培训结果和信息共享空间工作人员在实际工作中的切身体会等方式。

根据评价结果，可以发现服务中存在的不足，不断改善服务设施，改进工作方法，提高服务质量，从而更好地满足用户的需求。

三、对高校图书馆构建信息共享空间的指导

信息共享空间之所以在高校获得如此的关注和成功，主要有两个方面的原因。

第一,是学生尽管拥有各种电子设备,他们更倾向于在校园里学习和研究,而不是在嘈杂的集体宿舍。

第二,在查找信息时,更喜欢同参考咨询馆员进行面对面的交流。虽然这个概括略为简单了些,但是它正是强调了信息共享空间是应用户的需求而产生的,突出了其在高校图书馆的重要地位。

(一)高校图书馆构建信息共享空间具备的条件

高校图书馆的发展重点经历了"以资源为中心""以馆员为中心"和"以用户为中心"三个阶段,其每一阶段的发展都是为了向用户提供更好的信息服务。高校图书馆的不断发展和进步,使其具备了构建信息共享空间的前提条件。

1. 在资源建设方面

无论是传统的馆藏资源,还是网络信息资源,高校图书馆都进行了扩充建设,特别是网络信息资源的建设,为师生提供了参考咨询服务、国内外期刊数据库、光盘数据库等,打破了传统图书馆受地理空间限制的局限性,使更多的网络信息资源实现了共享,带来了信息服务的网络化,更好地满足了高校师生对信息资源的需求。

2. 在馆员素质方面

高校图书馆为了满足学校的教学、科研以及社会对信息的需求,鼓励馆员用自己的知识、技术、能力为用户开展信息服务,使其符合时代要求,并针对馆员培养制度提出了"学科馆员""信息导航员""知识型馆员"等相关概念。

3. 在面向用户服务方面

高校图书馆已逐步认识到,信息服务应以用户需求为核心,旨在全面满足各类用户的信息需求,及时提供具有个人价值和专用性的信息资源。这一理念的转变促使图书馆员培养制度中引入了"学科馆员信息导航员"以及"知识型馆员"等相关概念。在用户服务方面,高校图书馆正致力于构建以用户为中心的服务模式,强调信息服务的个性化和精准化,以满足不同用户的特定需求,从而提升服务质量和用户满意度。

(二)高校图书馆构建信息共享空间存在的问题

高校图书馆在不断的发展中,虽然具备了一些构建信息共享空间的软、硬件条件,但在图书馆理念与管理体制方面仍存在着问题。在理念方面,图书馆没有充分意识到自身建设在高校整体发展中的重要性。国外的经验表明,高校图书馆并不只是提供各种信息的检索机构,应该在学校的教学和科研创新活动中有所作为,这不仅是高校发展的需要,也是图书馆自身发展的需求,所以,高校图书馆应抓住这个机遇,积极参与到全校师生的教学和科研活动中去,为他们提供能够进行知识创新的信息共享空间。

在管理体制方面,目前高校图书馆基本上仍然沿用传统的管理方式。在市场经济条件下,高校图书馆应引入竞争机制,在机构设置上科学划分各部门的权限,理清行政与业务的关系,使行政为业务建设服务,调动各部门的积极性。

(三)高校图书馆构建信息共享空间的策略

高校图书馆作为信息共享空间发源地,其理论和实践对高校图书馆构建信息共享空间、不断拓展信息服务具有很好的借鉴意义和指导作用。

1.融入信息共享空间的理念

信息共享空间为独立学习、团队讨论和集体研究提供信息和场所,通过激发用户的灵感,达到知识创造的目的。在图书馆的建设与管理过程中,融入信息共享空间的理念,为广大用户提供信息共享空间已成为图书馆发展的潮流。

2.制定信息共享空间的规划

信息共享空间规划对建立图书馆信息共享空间具有重要的指导意义。由于起步比较晚,缺乏理论指导,因此,制定规划时,在结合自身具备的一些软、硬件基础上,根据自己的用户利用图书馆的行为特点,借鉴信息共享空间的实践,以制定出满足本馆用户需求的战略规划。

3.构建合理的信息共享空间服务体系

对信息共享空间的四个构建要素要综合进行考虑,无论是物理空间,还是资源、服务,以及人员的设置,都要进行合理的分配,针对不同的用户,设置规模大小不同的物理空间,同时也针对用户的需求提供多元化服务的一个交流场所,真正实现虚拟空间和物理空间的结合。

新的学习环境和技术条件下,用户对高校图书馆的服务内容和服务能力有了更高的要求,高校图书馆只有不断地开拓新的服务模式,才能更好地适应时代的发展。作为面向用户的信息服务模式,信息共享空间是对高校图书馆服务模式的一种创新,同时也为高校图书馆的发展提供了良机。在实际工作中,不同的图书馆可以根据自身的硬件设备、数字资源、服务及管理机制,人员素质和知识结构等,灵活地进行集成,最大限度地满足用户需求,推动信息共享空间的发展。

第三节 高校图书馆"重点读者"服务模式

个性化服务是指在数字信息环境下,图书馆利用网络和信息技术,获取并分析用户的信息使用习惯、偏好、背景和要求,从而为用户提供充分满足其个体信息需要的一种集成性信息服务,包括时空、形式和内容三个个性化服务方面。

"重点读者"是指图书馆根据学校总体发展要求,依据高校教学、科研和生产的三大基本功能界定出读者的范围、对象、结构和梯队,亦即这三方面的学科带头人、拔尖人才和专家学者。个性化服务"重点读者"就是及时跟踪和分析其对文献需求的内容和范围、数量和质量,利用丰富的信息资源优势,通过多种途径收集信息,并对这些信息进行判断分析和加工整理,然后及时传递给重点读者,建立以重点读者为对象的集文献信息咨询、检索、供应等多种服务形式于一体的文献信息主动服务模式。在服务工作中,从确定读者的主体地位着手,变静态为动态,变单向被动服务为双向交流主动参与服务,是服务模式的一种创新。

一、个性化服务"重点读者"的缘起

图书馆要提高服务水平和自身学术价值,除了做好日常的一般读者的信息服务外,必须突出重点,优先开展"重点读者"的个性化服务工作。

图书馆可选择"重点学科、重点专业、重点实验室、重点课题、重点课程"领域的教学、科研和生产人员作为重点读者进行服务。

第一,这些"重点读者"对文献信息资料的需求在"广度、深度和难度"上远超出了一般读者,其专业性、专题性、目的性和针对性强,图书馆的一般外借阅览服务不能完全满足他们的需要。

第二,"重点读者"都是本单位的专业能手和业务骨干,他们在学术方面起龙头作用,在教学和科研中能迅速扩大学校的影响力和知名度,能带动学校的快速发展。

第三,有针对性地提供对口的信息检索、获取、分析、归纳等一条龙服务,可以节省"重点读者"查阅大量资料的时间,提升教学、科研和生产效率,促使他们早出成果、多出成果、出好成果。

二、个性化服务"重点读者"的做法

(一)确立条件,选定对象

根据图书馆的具体情况,拟定重点读者的条件。

第一,承担学校重点学科、重点专业、重点实验室和精品课程建设的人员。

第二,取得省部级科研成果并继续承担省部级以上重要科研课题的人员。

第三,具有博士学位或取得硕士以上导师资格的人员。

第四,有突出贡献的中青年专家和拔尖人才。

图书馆主动到教务处、科研处、人事处调查了解重点学科及精品课程授课人、重点课题主持人、硕士以上导师等的有关情况后,向他们发放重点读者服务表,征得本人同意并填表后,他们就成为了"重点读者"服务对象。图书馆为其建立档案数据库,每人发放一张电子服务卡,对"重点学者"学科、专业、课题名称、研究方向、文献资料的需求情况,姓名、职称、单位、住址、联系电话、E-mail 等进行登记,以方便服务。图书馆还随时挑选新的符合条件的重点读者,及时将那些年轻有为的读者纳入,同时也剔除落伍者,实行"重点读者"动态管理。

(二)项目管理,定向服务

确立"重点读者"服务项目卡。

第一,向建档的"重点读者"发放"绿色"借阅证,凡持有"绿色"借书证者,图书馆所有服务部门都要为其开"绿灯",允许他们自由出入馆内所有主、辅书库和样书、报刊、阅览室等,可借阅所有纸质型和电子型文献。

第二,采编部门可依据自身工作规律对"重点读者"采取特殊的"时间差"服务,与"重点读者"保持密切联系,随时掌握和了解他们在学科建设、课题立项和专业研究方面的进展情况,特别是阶段性的文献需求,便可以根据实际需要,有选择、准确、及时地为他们提供定向服务,使有效信息不失时机地实现其广、快、精、准、新的价值,促使"重点读者"顺利、保质保量地完成所承担的教学、科研和生产任务。

(三)信息资源,共建共享

充分利用现有馆藏,不断充实、强化和完善与"重点读者"需求相关的文献资料的收藏。"重点读者"长期处于教学、科研、生产第一线,并经常参加一些学术性会议,对本专业本学科发展的前沿学术动态了如指掌。他们所需文献不仅面广,而且内容专深、形式多样。因此图书馆在文献采购上,一方面要将书刊预订书目及时送交"重点读者",由他们推荐、圈定所需的文献资料,以提高采购质量;另一方面让"重点读者"向图书馆提供所需文献目录,划拨给他们一定的采购资金,依据自身需要代购自用,使用完后作为馆藏入库。

在文献经费上给予"重点读者"倾斜,通过多种渠道保证文献采购能做到。在文献档次上定位于研究藏书水平,学科发展过程中各个阶段有影响的论著和刊物。"重点读者"所关注的学科前沿的论著和论文,应做到优先采购;同时还注意文献信息产品的多载体化,除纸质型文献外,引进光盘文献、全文期刊和学位论文数据库等,为"重点读者"提供有力的信息资源保障。通过上述形式既体现了尊重"重点读者"之意见,又体现了与"重点读者"和谐善待,真正实现了信息资源的共建共享。

三、个性化服务"重点读者"的途径

(一)馆际互借,中介服务

信息资源的网络化趋势,促进了馆际互借的迅速发展。由于"重点读者"的文献信息需求图书馆不可能完全满足。为此,高校图书馆建立了以专业为核心的"馆际互借"业务,为"重点读者"提供代查、代检、异地复制等服务。当"重点读者"需求时,利用 E-mail 向图书馆馆际互借服务中心发出请求,告知所需的书刊或其他文献的题名、作者、主题和关键词,通过邮寄或电子邮件获取资料后,再通过 E-mail 发送或上门传递给"重点读者"。此项服务,不仅有效地提高了信息服务的效率,而且也充分彰显了图书馆自身的价值和地位。

(二)电子邮件,推送服务

用电子邮件等方式主动将所需的文献信息推送给"重点读者"。如及时推送新到馆的中、外文献信息,定期提供专业核心期刊目录,定期收集提供反映学科最新动态的专题书目资料,编印提供有关书目、索引等资料。

(三)信息检索,代理服务

对"重点读者"来说,他们的时间比较宝贵;虽然他们具有专业特长,但在信息检索方面往往不如图书馆专业人员使用检索工具和文献数据库那样得心应手。特别是在当前网络环境下,信息浩如烟海,"重点读者"想省时、省力获得称心如意的资料,往往需要借助图书馆专业人员的帮助,请其代理检索有关信息。图书馆充分利用资源优势、网络优势和检索技能,围绕"重点读者"需求,开展专题服务、定题服务、回溯检索、课题查新以及专利查新等检索服务,发送资料。

(四)请求呼叫,专线服务

为"重点读者"服务创造便捷条件,供需双方远程的直接交流服务。一方面图书馆可以通过电话或 E-mail 直接向"重点读者"介绍与其学科建设、业务教学、课题研究相关的馆藏文献,特别是新到馆未分编的图书,可以优先提供其借阅,与他们约定送书上门的时间等;另一方面"重点读者"的信息需求,可以随时通过拨打电话或服务专用信箱传递给图书馆,图书馆将在最短的时间内,利用馆藏和网络资源为"重点读者"查找,查找结果通过 E-mail 推送或派人亲自送到其家中。这种服务方式深受"重点读者"的欢迎。

(五)数据挖掘,定制服务

数据挖掘对"重点读者"显得尤为重要。数据挖掘也称知识发现,是从大量的内部数据库中获取人们感兴趣的知识,这些知识是隐含的、潜在的,是获取尚未被发现的知识、关联、趋势等信息,目的是帮助信息用户寻找数据间潜在的关系,发现被忽略的要素,而这些信息对预测趋势和决策行为是十分有用的。数据挖掘不仅能对过去的数据进行查询和遍历,并且能够对将来的趋势和行为进行预测,并自动探测以前未发现的模式,从而很好地支持"重点读者"的决策。知道用户需求什么是开展个性化服务"重点读者"的基本条件,而提供给用户高质量(内容上相关、知识含量高)的信息则是个性化信息服务的目的。数据挖掘对个性化信息服务的支持正体现在对用户需求信息和网络源信息的深层分析上。

四、个性化服务"重点读者"的成效

通过实践证明,开展个性化服务"重点读者"工作,以实际的服务效果来树立图书馆的良好形象,无论对学校改善办学条件,搞好教学、科研和生产,还是对图书馆馆员自身素质的挑战和历练,对图书馆事业面临的机遇和发展,都带来了巨大的生机和活力,从而图书馆信息服务变被动为主动,变静态为动态,使高校图书馆个性化服务"重点读者"工作贯穿于整个教学、科研和生产的全过程。高校图书馆在现有条件下,坚持优先重点、兼顾一般、区别对待、协调发展的指导方针,是做好个性化服务"重点读者"工作的一种有效的方式,是一种服务模式的创新。

第四节 高校图书馆移动服务模式

一、移动环境下高校图书馆用户信息需求

信息需求是个体遇到问题时的一种心理状态,是已经转化了的、具体的、可操作的请求。信息需求是信息行为产生的前提和基础,只有当其达到一定强度时,信息需求才会转化为信息动机以驱使其采取某种行为去实现自己的目标。信息服务就是针对用户的信息需求将开发好的、整理好的信息产品以方便的、准确的形式传递给用户的活动。

高校图书馆的信息服务已经从以图书馆系统为中心逐渐演变成以用户为中心的服务模式。诚然,高校图书馆的移动服务不仅仅包括虚拟平台上的服务,还涵盖物理空间意义上的服务,但是在移动互联网的时代背景下,高校图书馆移动服务的终极目的仍是移动信息服务。至此,高校图书馆开展个性化的移动服务的首要任务就是要了解用户的信息需求。高校图书馆的用户主要由大学生和教师构成,因而其移动服务也要围绕这两个用户群开展。

(一)移动环境下大学生的信息需求

伴随着通信、计算机和网络成长,手机、电脑、网络已与大学生的生活密不可分。移动网络对于大学生的影响是全球化的。互联网成为大学生接触最频繁的媒体类型,大学生越来越依赖手机开始一天的学习与生活,他们通过移动网络读新闻、收邮件、听音乐、看视频,通过手机登录微博、微信等平台与他人进行信息沟通与交流,只会加深大学生对于移动网络的依赖程度。智能手机与平板电脑的区别在日益弱化,移动环境下大学生的信息需求也有其新的特点。大学生的信息需求主要包括学业信息需求、就业发展信息需求以及休闲信息需求等。移动环境下大学生的信息需求是全天候的,他们需要随时随地获取信息,如大学生对图书馆文献或数据库的查询,借阅信息的查询,文献的预约、续借与挂失等。大学生通

过移动网络对时效性信息的需求也很强烈,如图书馆的通知与公告、借阅信息提醒、自习座位实时状态、招聘信息、就业资讯等。移动环境除了能够帮助大学生明确信息需求,方便、快捷地主动获取所需信息,更有助于其对隐性的信息需求(即信息需要)进行挖掘。移动网络使得学生更乐于被动地接受信息,他们通过微博、微信等移动平台浏览推送信息,在这样的过程中隐性信息需求被转化为明确信息需求,促使其产生一系列信息行为。

(二)移动环境下高校教师的信息需求

在大学课堂上,高校教师不再单一地传授理论知识,更要将理论与实践相结合。与大学生群体更乐于被动地接收信息不同,传道授业解惑的高校教师的信息需求更偏向于主动获取,他们的信息需求主要包括对学科专业知识的需求、对实践技能的需求以及对时事信息的需求。

移动网络的发展与推广使得高校教师的信息需求同样具有全时性与即时性。由于工作繁忙,教师更希望能够按需随时随地地获取信息,并且非常需要即时获取学科专业的最新动态与科研成果。

总之,高校图书馆通过移动服务才能真正实现用户任何时间、任何地点随时获取信息的愿望;用户通过高校图书馆的移动服务才能尽情享受移动互联网所带来的全新图书馆移动服务体验。

二、高校图书馆移动服务模式的嬗变

随着网络技术,特别是移动网络的发展与革新,高校图书馆的移动服务模式与服务内容也在不断改进。方便读者查询馆藏图书、查询百度百科、图书馆知识问答,甚至可以娱乐消遣。微信一经推出便因其新颖、快速、便捷的特点迅速成为智能手机用户主要的通讯及社交工具,微信公众平台成为高校图书馆移动服务的新模式。总之,伴随网络通信技术的逐步发展,高校图书馆的移动服务模式也随之不断演变与更迭。

(一)高校图书馆短信服务模式

短信是高校图书馆最早利用移动技术为读者提供服务的方式。短信服务模式对网络接入环境要求不高,不需太高的移动终端的软硬件配置,短信服务成本非常低廉,因此短信服务模式成为当前高校图书馆最为广泛的服务模式。但"门槛"低也就意味着短信服务只能承载少量的信息,无法承担大数据的工作。因而,目前高校图书馆的短信服务主要包括查询个人借阅信息、预约和续借、查询图书馆以及通过短信接收图书馆主动发布的各类信息等。

(二)高校图书馆客户端 App 服务模式

客户端 App 即客户端应用,就是可以在手机等移动终端上运行的软件。伴随全面推广,客户端 App 应用软件成为移动网络发展的重点。客户端 App 操作简单、内容丰富、功能强大,避免高校图书馆用户繁复的网址输入,能够带来前所未有的用户体验,因此,客户端 App 成为当今最先进的一种高校图书馆移动信息服务模式。客户端 App 向着更多类型、更多内容、更多功能等方向发展,但是目前高校图书馆的客户端 App 服务模式还处在起步和摸索阶段,提供移动客户端 App 服务的高校图书馆还不多,可提供的客户端资源也不够丰富。

(三)高校图书馆微信公众平台服务模式

虽然客户端 App 优点很多,但其研发的工作量和投入经费都非常巨大,还需要针对不同的移动终端操作系统进行开发,使得许多经费有限的高校图书馆都望而却步。微信公众平台的出现成为高校图书馆开展移动信息服务的一个新选择。

微信是 App 软件的一种,它不是图书馆自主研发的 App,微信公众平台是在微信基础上推出的新功能模块,是一个开放的平台,个人和企业可以通过微信公众平台打造一个微信的公众号,进行群发文字、图片、语音、视频、图文消息各类别的内容。高校图书馆可以通过平台提供的接口技术,根据自身与用户需求进行二次开发,为用户提供更快、更全、更多的移动信息服务内容。

因此,高校图书馆通过微信进行移动信息服务具有良好的用户基础。通过微信公众平台,高校图书馆可以跟每一位用户进行实时的交流与沟通,并且能够根据用户的不同需求推送信息,可以向大学生群体提供图书馆的通知、公告与培训信息,提供借阅信息提醒、自习座位实时状态、招聘信息等。对于教师群体,高校图书馆可以将学科服务整合在微信公众平台上,为教师实时提供学术与科研相关信息。目前,微信公众平台提供的移动信息服务内容主要包括图书馆馆藏书的查询、续借、推荐,读者讲座、培训、活动通知,定位服务,实时咨询与反馈等。

总之,微信公众平台服务模式扩大了高校图书馆移动信息服务的外延,弥补并消除了一些高校图书馆在资金投入方面的不足和技术支持方面的障碍,降低了高校图书馆提供移动信息服务的门槛。移动的接入使得超大文本与视频传输成为可能,高校图书馆可以借助微信平台向用户推荐更多的移动内容并开发更丰富的移动视频服务。

(四)高校图书馆移动信息服务云平台模式

移动互联下用户对信息资源内容与个性化服务水平的要求进一步增强,高校图书馆移动信息服务的基础就是资源建设,为了弥补单一馆藏的不足以及资源的重复浪费,构建安全、可靠、高效、统一的用户云平台至关重要。

从宏观上建立国家级的共享移动资源内容,通过汇集各高校图书馆订购的馆藏资源构建电子资源内容云,建立高校图书馆间的虚拟"地球村",使得各高校图书馆能够资源共享,共同使用移动数字云资源库。高校图书馆通过云内容按需为用户提供全天候的移动服务。高校图书馆可以依据本馆的用户类型、用户规模与用户需求重点突出某一种云服务模式或将几种云服务模式相融合构建本馆个性化的云服务模式平台。在移动环境下通过云内容与云服务模式的实现,高校图书馆能够真正实现电子借阅等移动信息服务内容。

三、高校图书馆移动服务创新

(一)移动借阅服务

移动网络与智能手机的普及为移动阅读带来了更多机会,高校图书馆用户无疑是移动阅读的重要人群,因此高校图书馆应该发挥自身阅读资源丰富的优势,建设本馆特色资源(学位论文、会议论文、专利文献等)保障体系,大力发展移动借阅服务以满足用户的移动阅读需求。

(二)视频教育服务

视频教育由来已久,智能手机与移动设备的性能为移动视频播放创造了条件;移动视频客户端的优化,带给用户更好的视觉体验。内容更加丰富,传输更加及时,真正实现高校教育视频的实时发布。高校图书馆可以随时随地根据用户需求提供各类视频教育资源,努力构建自己独特的移动视频教育服务平台,提升本馆的移动信息服务水平。

(三)移动付费服务

高校图书馆是公益事业,不会以营利为目的,但是借助移动网络以及移动付费平台进行移动支付可以为用户利用高校图书馆的特定服务提供方便,免去需要用户亲自来图书馆交费的繁复,实现高校图书馆各项移动信息服务的实时交互。

(四)移动社交网络服务

社交网络服务是为一群拥有相同兴趣与活动的人创建的在线社区,现已成为移动互联网最普及的应用,是当前高校图书馆用户最主要的沟通与交流方式。社交网络不仅用于日常信息的即时交流,随着数字出版的发展,科研成果的发布已不再局限于期刊发表,社交网络对于大学生,尤其是高校教师而言,更有助于学术交流。为了满足用户的上述信息需求,高校图书馆的移动服务需要将各种应用整合到自身服务中。

(五)个性化推送服务

高校图书馆拥有大数据,首先就是图书馆大量的结构化的馆藏数据资源,再者就是图书馆大量用户的非结构化数据。伴随逐步推广与普及,高校图书馆的数据会随之大量激增,因此需要图书馆具备处理大数据的能力。通过对大学生和教师大数据的分析与挖掘,高校图书馆便可以准确推测用户的信息需求,做到真正意义上的个性化推送服务。当前高校图书馆的移动服务已经开展了多年,和各种移动终端、移动网络并存。

第五节 高校图书馆嵌入式服务模式

所谓"嵌入式服务",就是把图书馆的信息环境与用户群体的信息环境进行有效交流融合,把"用户需求"放在图书馆信息服务的首要地位,在特定的工作任务或目标中充分利用图书馆在信息的获取、二次或多次加工、有效管理以及数据分析等方面的优势,把信息服务区域扩展到用户的学习、教学和科研等过程中去的信息服务。在嵌入式服务下的用户,已经与图书馆形成了无缝联系、动态交流及交互融合,他们不需要到实体图书馆查询资料,也不需要上网浏览图书馆主页去搜索信息,就可以在任何地方、任何时间轻松、快捷、方便地获取到自己所需要的信息,这是图书馆传统服务模式改变的一个重要体现,把图书馆原来的单向服务转变为双向服务,把被动等待转变为主动服务的"以用户需求为中心"的服务模式,树立了图书馆的服务品牌形象,提升了图书馆服务的水平和质量。

一、高校开展图书馆嵌入式服务的必要性

(一)高校学科建设的需要

教学、科研条件居国内同类学科先进水平,具有较强支撑相关学科的能力,有良好的图书文献和现代化信息保障体系。足见高校图书馆丰富的馆藏资源及开展嵌入式学科服务对于高校学科建设的重要性和不可或缺性。

(二)数字信息化时代的需要

现今人们对网络的依赖程度越来越大,随着有线网络及无线网络的普及,任何人在任何时间、地点都可以随时获取和利用所需要的信息,网络环境下,数字化信息正在成为主流信息资源,用户获取的信息资源日益丰富且获取方式更加便捷,对图书馆则日益疏远。图书馆被边缘化趋势突显,图书馆面临用户群减少的危机,并且图书馆作为文献信息中心的作

用也日渐被削弱。因此,图书馆应通过开展嵌入式学科服务,主动与用户沟通并寻求合作,提高图书馆的服务意识和服务水平,留住原有用户群并开拓新的用户群。

(三)转变服务理念的需要,

嵌入式学科服务既是图书馆为适应数字化信息时代的发展,也是根据"以人为本"的服务理念推出的以用户需求为中心的新型服务模式。深化学科馆员服务,建立真正符合用户需求的学科化服务机制,是高校图书馆努力的方向。目前,高校图书馆都不同程度存在服务理念陈旧、场馆面积较小、设备设施老化、专业人才缺乏及学校划拨资金不足等现象,已无法满足读者专业化、集成化的信息需求。高校图书馆应改变传统的服务模式,将馆员嵌入到用户中,为用户提供个性化、学科化、知识化服务,满足用户的个性化信息需求。

(四)创新服务方式的需要

计算机技术和网络技术的迅猛发展导致信息环境发生了根本性的变化,网络搜索引擎和检索工具的发展已成熟,搜索引擎已经作为用户获取信息的首选,读者改变了到图书馆学习和查找资料的习惯。为了提高图书馆的核心竞争力,必须采取嵌入式学科服务这一创新服务方式,才能在日益激烈的竞争环境下谋求自身的进一步发展。

二、高校图书馆嵌入式服务的主要方式

目前高校图书馆主要开展以下3种嵌入式服务方式:手机短信服务、社区网站服务,以及其他桌面工具服务。

(一)手机短信服务

手机短信服务,就是一种以智能手机为载体的新型信息服务方式。在图书馆WAP网站注册的用户,在他们安装相关软件之后,就可以根据自己的信息需求来定制频道,对更新的信息资料进行有选择的阅读,或者注销定制服务等。目前清华大学图书馆、合肥工业大学图书馆等很多高

校图书馆已通过建立手机图书馆开展手机短信服务。

(二)社区网站服务

社区网站服务,就是高校图书馆通过 E-mail、手机网站等各种在线交流工具,将信息服务工作拓展到用户的虚拟社区,利用信息共享软件、多媒体资源、知识导航、在线培训课程、知识库等构建丰富的知识体系,营造良好的学习情境,为社区用户自主学习和协作研究提供信息资源。

(三)其他桌面工具服务

桌面工具,就是把图书馆应用加到用户使用的软件系统里的工具,比如把图书馆的搜索引擎安装在用户自己的个人主页或用户个人博客上,或者链接到一些大型网站上去,同时还可以安装用于浏览器的不同的专业插件与应用,比如书签、工具条等。

三、高校图书馆嵌入式服务的挑战与机遇

在信息时代,对于高校图书馆最大的冲击是高校用户的信息环境发生了转变,信息资源泛化,用户足不出户就能够远程获取信息,或者是用户无论身处何方,只要有电子设备就可以快捷获取信息,出现了"设备在手,信息全有"的局面,依赖于高科技的手段获取信息,亲身到实体图书馆的人越来越少,这对高校图书馆而言无疑是一个前所未有的挑战。

同时高校图书馆目前还处于数字化服务发展缓慢的局面,设备更新比较慢,软件升级不及时,先进信息技术平台尚未搭建完整,大部分高校图书馆在为高校用户提供信息服务方面还未能实现高效快捷,造成自身发展压力巨大。

用户信息环境的变化,导致其信息需求也有所变化,大量繁杂的信息获取,让用户把对信息需求的关注点放在了快捷、方便获取有价值的信息这方面,他们急于屏蔽掉无用的信息,这就给高校图书馆在信息时代的发展带来了一个崭新的机遇。高校图书馆只有积极采取措施迎接挑战,才能够真正实现服务水平的信息化、现代化。高校图书馆要秉承"用户在哪,我们的服务就在哪"的观点,突破时间、空间障碍,实现与用户的无缝

沟通交流，多手段、多途径满足用户的信息需求，使高校图书馆从"中介角色"转变成用户的"合作伙伴"，打造"双赢"局面。

四、面向用户需求的高校图书馆嵌入式服务模式的构建

依据高校用户信息需求的特点，将高校用户划分为3种不同的类型。

(一)面向"学习型用户需求"的高校图书馆嵌入式服务策略

面向学习用户需求，高校图书馆可以采取"嵌入式信息素养教育服务"和"嵌入式个人自主学习服务"这两种服务策略。

1. 嵌入式信息素养教育服务

根据不同年级开展不同内容的普及型图书馆资源有效利用的相关讲座，让学习型用户了解图书馆拥有的信息资源内容，查询、借阅图书等信息资源需要经过哪些流程，办理哪些手续等，重点掌握中文电子资源的使用等内容。图书馆员还应与授课教师一起，把信息素养教育嵌入日常教学中，并围绕学习型用户的课程内容来设立不同的信息素养专题讲座。还可以根据学习型用户的需求来进行针对某一方面的信息素养讲座，以提高学习型用户的资源检索水平，帮助学习型用户掌握更多行之有效的检索方法，促使学习型用户的信息查询、资源获取以及知识利用的能力得到有效提升。

2. 嵌入式个人自主学习服务

在学习型用户的学习环境中嵌入服务，为学习型用户的自主学习提供针对性强、专业性高的知识信息服务；通过网络教学平台教学软件或学习软件，来拓展学习型用户学习内容的深度和广度；通过以上方式来满足学习型用户在不同时期、不同阶段不断变化的学习需求。

(二)面向"教学型用户需求"的高校图书馆嵌入式服务策略

面向教学型用户需求，高校图书馆可以采取"嵌入式课程教学过程服务"和"嵌入式课程教学互动服务"这两种服务策略。

1. 嵌入式课程教学过程服务

高校图书馆努力建设好网络教学平台，将课程所需的各种资源放置

其中供大家使用，协助教学型用户直接在网络教学平台上使用已付费的电子图书和期刊论文，以及网络上免费的电子图书和期刊论文。

2. 嵌入式课程教学互动服务

在教学过程中，教学型用户在高校图书馆的协助下，把课程相关信息放置到一些大型、浏览量大的社区网站中，学习型用户在使用社区网站时就可以获取课程相关信息，同时通过 E-mail 等各种在线交流工具，与教学型用户，或者高校图书馆进行有效沟通，实现课程教学的有效互动。教学型用户可以根据学习型用户的反馈来调整自身的教学计划或内容，高校图书馆可以根据双方用户的反馈来调整课程相关电子信息资源，以达到最大程度上满足课程教学需要。

(三)面向"科研型用户需求"的高校图书馆嵌入式服务策略

面向科研型用户需求，高校图书馆可以采取"嵌入式学术交流服务"和"嵌入式科技研究服务"这两种服务策略。

1. 嵌入式学术交流服务

高校图书馆在学术交流中处于一定重要地位，其通过提供信息服务来促进学术交流，比如对科研型用户进行学术交流方面的教育宣传，内容包括作者权利管理、版权、机构库建设等问题。同时高校图书馆还积极提倡开放存取的新型学术交流模式的建立，比如与学校其他部门联合建立本地机构库，可以对软件系统进行有效评估，对相关政策进行合理制定与准确解析，对机构库进行大力宣传，对数据质量进行严格把关，对行为进行正确引导等。

2. 嵌入式科技研究服务

在科技研究过程中，高校图书馆要全面搜集科研型用户所需要的研究相关的资料、研究文献、调查数据等；要即时跟踪研究领域中出现的新成果、新进展和新思路，并及时反馈给科研型用户，为用户提供最新的、具备研究价值的研究机构、研究项目、研究作者以及研究论文等相关研究资料，为用户提供"选题—立项—研究—结题—成果评价—成果转化"全程式的知识研究服务。

(四)高校图书馆嵌入式服务主要方式的有效应用

各学院、各专业系网站和图书馆网站进行网络连接,把信息素养教育视频、课件或其他课程信息资源上传到网站上,让用户可以随时自主观看、自由下载学习;高校图书馆将图书借阅、讲座培训、在线课程学习等项目,通过手机短信向目标用户进行及时推送;高校图书馆还可以在对纸质资源和网络资源进行整合、建立专题数据库的基础上,运用手机短信、社区网站以及其他桌面工具来为科研型用户开展嵌入式信息服务,为科研型用户提供专、深、多的科研信息。

五、有效推进高校图书馆嵌入式服务模式的保障措施

(一)转变落后观念,提高正确认识,是有效推进高校图书馆嵌入式服务模式的思想保障

首先要有效转变高校图书馆落后的服务观念。图书馆相关人员要重新认识图书馆的角色和功能,对机构组织进行重新组合,对服务形式进行有效转换,对实体空间进行重新改造,对虚拟空间进行合理构建,真正建立一种面向用户需求的嵌入式服务模式。只有完善的理念体系,才能使嵌入式学科馆员有明确的奋斗目标与方向,才能使高校用户的各种信息需求得到满足。其次要转变高校用户的观念,改变图书馆是信息、文献存储机构的片面认识,重新对图书馆的角色和观念进行准确定位,认识到图书馆是高校科研团队智囊和学生信息检索的重要基地。最后,要加强对自身的宣传力度,增强其在高校师生中的影响力,塑造品牌形象。

(二)完善信息设施,创造服务环境,是有效推进高校图书馆嵌入式服务模式的物质保障

嵌入式服务工作的开展是建立在一定物质基础之上的,没有物质基础,就无法建设,更谈不上发展。要想做好嵌入式服务工作,需做好以下方面。

第一,必须要及时升级软件,更新信息设备,淘汰落后产品,以保证用

户使用的信息查询设备性能良好,增加用户的使用满意度。

第二,要重视用户的信息需求,及时补充馆藏资料,调整馆藏资料结构,保证用户能够快捷方便地查询信息。

第三,要创造良好的服务环境,除了配备性能良好的信息查询设备外,高校图书馆还应配置饮水机、打印机等相关设备,改善用户信息查询的环境,把嵌入式服务落到实处。

(三)引进专业人才,建设高效队伍,是有效推进高校图书馆嵌入式服务模式的人才保障

要想真正做好嵌入式服务工作,就要有专业人才专门管理,这就需要高校图书馆大力引进具备较高信息素养的图书馆专业人才,同时培养已在岗的馆员的专业技能,促使他们尽快适应信息时代的图书馆嵌入式服务工作。高校图书馆还可以打破部门界限,与学校其他部门的相关人员组建嵌入式服务工作机构,有针对性地为高校用户开展服务。比如教务处在学习工作小组里可以起到教学指导、课程建设等作用,科技处可以在科研工作小组里起到科研指导、学术讨论等作用。这样由不同部门组建起来的嵌入式服务工作机构,嵌入式服务工作效率更高,效果更好,更能满足高校用户的信息需求。

(四)健全相关制度,狠抓工作落实,是有效推进高校图书馆嵌入式服务模式的制度保障

嵌入式服务是高校图书馆员与高校用户之间的一种协作方式,这种协作方式要想实现深度合作,就要将其制度化。首先从制度上确定嵌入式服务的重要性以及措施的规范性,将馆员与用户之间的协同合作作为一种常态制度加以落实,在全校范围内实现自上而下的高度重视,同时还可以获取各个部门的支持和配合,进而得到用户群体的信任。相关制度制定后,落实制度也同样关键,千万不要只把制度"挂在墙上",而要把制度落实到实际工作中去,并在落实过程中不断修订完善。

嵌入式服务是高校图书馆发展的未来走向,是高校教学与科研的必

然要求,这就意味着我们要想紧跟时代潮流,不落后于人,就一定要克服困难,开动脑筋,创造条件,通过多种手段多种途径把嵌入式服务真正融入高校用户教学科研环境中去,真正把高校图书馆的作用发挥出来,真正展现出高校图书馆信息服务的广阔前景。

参考文献

[1]刘扬.新时期高校图书情报的个性化管理[J].文化产业,2024(07):55-57.

[2]周秋菊,刘晓凤.图书馆文化视域下大学生隐性思想政治教育长效机制构建研究[J].怀化学院学报,2024(02):124-130.

[3]白阳,胡畔,郭致怡.元宇宙场域视角下高校图书馆文献信息资源创新服务模式研究[J].情报资料工作,2023(03):24-32.

[4]赖萱萱."古""今"之辨:时代新人责任教育的应有之维[J].河北工业大学学报(社会科学版),2022(03):65-71.

[5]陈幼华等.高校图书馆阅读推广理论与方法[M].北京:朝华出版社,2020.

[6]杨永华.智慧时代高校图书馆服务创新与发展研究[M].北京:原子能出版社,2020.

[7]王旭编.高校图书馆学科服务[M].北京:化学工业出版社,2020.

[8]田杰.高校图书馆服务体系研究[M].长春:吉林科学技术出版社,2020.

[9]冀颖,陈秀英.地方高校图书馆文化建设[M].北京:中国经济出版社,2020.

[10]段琼慧.高校图书馆读者服务研究[M].西安:三秦出版社,2020.

[11]姜珊.高校图书馆创业服务研究[M].西安:西安出版社,2020.

[12]曹瑞琴.高校图书馆学科服务与智慧化建设[M].长春:吉林出版集团股份有限公司.2020.

[13]宫磊.高校图书馆管理与服务创新研究[M].长春:吉林大学出版社,2020.

[14]叶心.现代高校图书馆工作与读者利用指南[M].长春:吉林出版集

团股份有限公司,2020.

[15]张鹏.高校图书馆资源与服务体系建设[M].哈尔滨:北方文艺出版社,2020.

[16]余晓华.高校图书馆信息资源建设与服务[M].郑州:中原农民出版社,2020.

[17]周博,梅昊.高校图书馆服务文化构建研究[J].宿州学院学报,2019(10):24-26+39.

[18]黄娜.高校图书馆与学科建设[M].长春:吉林人民出版社,2019.

[19]孔瑞林.高校图书馆阅读推广研究[M].济南:山东教育出版社,2019.

[20]郑幸子.高校图书馆管理与服务创新[M].长春:吉林大学出版社,2018.

[21]刘乐乐,杜丽杰,张文锡.图书馆管理与服务[M].长春:吉林人民出版社,2018.

[22]张理华.高校图书馆与校园文化建设研究[M].北京:台海出版社,2018.

[23]郭燕平,王锐英.大数据时代的图书馆信息服务模式变革[M].北京:中国建筑工业出版社,2018.

[24]孙凤玲.图书馆捐赠理论与实践[M].北京:学苑出版社,2018.

[25]吴国英.大学图书馆微营销研究[M].北京:中国社会科学出版社,2018.

[26]孙海英,李洪伟,王宇佳.移动网络技术应用于高校图书馆学科馆员制度的创新发展[J].经济师,2018(01):185-185+187.

[27]王鑫,赵聪寐.版式设计在书籍装帧中的应用探析[J].包装工程,2018(04):217-219.

[28]吴慧华.高校信息素养教育理论与实践研究[M].北京:科学出版社,2017.

[29]蔡鸿新.医学院校图书馆理论与实践[M].厦门:厦门大学出版社,2017.

[30]陈红.传播学视角下的高校图书馆导读体系构建[M].长春:吉林大

学出版社,2017.

[31]赵春辉.数字图书馆管理与服务创新研究[M].长春:吉林文史出版社,2017.

[32]程娟.图书馆核心竞争力研究[M].北京:国家图书馆出版社,2016.

[33]李华伟.数字时代图书馆版权问题分解[M].哈尔滨:哈尔滨工业大学出版社,2016.

[34]陈进.大学图书馆变革发展思考[M].上海:上海交通大学出版社,2015.

[35]周文军.高校图书馆文化力与馆员工作研究[M].北京:教育科学出版社,2014.

[36]吴海峰.大学图书馆阅读文化的多视角研究[M].郑州:大象出版社,2014.

[37]郭晶,余晓蔚,汤莉华.大学图书馆学科服务案例精选[M].上海:上海交通大学出版社,2014.